VERENA HÖFLER

MEINE Auszeiten MÜNCHEN

DURCHATMEN & KRAFT SCHÖPFEN

DROSTE

Liebe Auszeit-Suchende,

mir ist bei den Besuchen der Wohlfühlorte aufgefallen,
dass erholsame Auszeiten nicht ausschließlich mit Stille zu tun
haben müssen. Im Grunde geht es darum, wie aufmerksam
wir die Eindrücke eines Ortes aufsaugen können. Sobald wir
aus dem Multitasking-Modus ausbrechen und uns mit allen
Sinnen auf eine Sache konzentrieren, können wir uns im
Nachhinein sehr klar an den Moment erinnern und länger
von seiner Erholsamkeit profitieren.

Ich lade dich ein, an den Auszeitorten einen Moment lang
nichts zu tun – sie nur wirken zu lassen. Für jeden Ort in diesem
Buch konnte ein Aspekt der Achtsamkeit, Gesunderhaltung
oder Erholung hervorgehoben werden.

Die Outdoor-Orte sind bewusst nicht nur in der warmen
Jahreszeit fotografiert worden, denn ein Besuch kann genauso
lohnenswert sein, wenn die Natur kahl und das Wetter trüb ist.
Statt der satten, grünblauen Farbe des Flusses zieht dann das
glitzernde Eis am zugefrorenen Ufer die Aufmerksamkeit auf sich.

Ich wünsche dir viele wirkungsvolle Auszeitmomente!

Deine Verena Höfler

❃ Meine Atempause

🌳 Meine Kraftquelle

Meine Frei-Zeit

KONFUZIANISCHE PAUSE

Zwischen Hofgarten und Englischem Garten befindet sich ein kleines grünes Fleckchen, welches vor allem im Hochsommer für eine Schatten spendende Pause sorgt.

Natürlich ist der berühmte Hofgarten zwischen der Residenz und dem Odeonsplatz in München bekannt. Wer die Theatinerkirche oder Feldherrenhalle erkundet, wird zwangsläufig auch einmal durch diese Grünanlage hindurchspazieren und auf den imposanten Dianatempel aufmerksam gemacht. Dort erhellen Musizierende die Gemüter aller Umstehenden. Andere testen ihre Longboards und waghalsigen Breakdance-Künste. Brautpaare lassen sich gern vor diesem Motiv ablichten.

Wer jedoch ein bisschen weniger Trubel bevorzugt, spaziert in den nicht weit entfernten, etwa 2 Hektar großen Dichtergarten: den kleinen Bruder des Hofgartens. Einen Eingang zu finden, ist gar nicht so leicht, da der Park komplett umzäunt ist. Man hat zunächst den Eindruck, durch einen Urwald aus dicht bewachsenen Büschen und Bäumen zu wandern. Teilweise hügelig geht es voran zu einigen Sitzgelegenheiten, die zum Ausruhen einladen. Der Garten ist vollständig durch sattes Grün geschützt und der Gesang der Vögel ist viel lauter als die üblichen Stadtgeräusche.

Für mich!

Auszeit zwischen Dichtern und Denkern

Zunächst als Finanzgarten benannt, erhielt er später die Bezeichnung Dichtergarten aufgrund der vielen Denkmäler mehrerer mit München verbundener Künstler. Neben Frédéric Chopin und Heinrich Heine steht dort auch eine Statue des Konfuzius. Es handelt sich um ein Geschenk der chinesischen Provinz Shandong zum Dank für die langjährige Partnerschaft mit Bayern. Dem chinesischen Philosophen waren vor allem Harmonie und Ausgeglichenheit wichtig. Von ihm stammen bekannte Zitate des Miteinanders wie beispielsweise „Was du nicht selbst erfahren willst, tu keinem andern an."

Den Park umgibt ein sehr romantisches und verwunschenes Flair. Er ist definitiv einen Abstecher wert. Wer hinterher mehr Gesellligkeit um sich haben möchte, verlässt den Park einfach beim Prinz-Carl-Palais und erreicht über die Von-der-Tann-Straße den Englischen Garten.

Finanzgarten bzw. Dichtergarten,
Galeriestraße, 80539 München

孔 子
Konfuzius
(551-479 v. Chr.)

中国 山东省人民政府 赠送
Geschenk von der Provinz Shandong, China

BAYERISCHES RUNDHERUM

Ein Riesenrad erinnert daran, sich den Augenblick bewusst zu machen. Im Werksviertel München erhascht man auf 78 Meter Höhe einen guten Blick über die Stadt und bis zu den Alpen.

Im größten mobilen Riesenrad der Welt dauert eine Fahrt etwa 30 Minuten. Ein spannendes Phänomen ist dabei das unterschiedliche Zeitempfinden auf- und abwärts. Sobald man einsteigt, kann es gar nicht schnell genug gehen, bis man die Gesamthöhe erreicht und einen von dort aus die perfekte Aussicht erwartet. In der **gläsernen Gondel** geht der Blick immer wieder nach oben, um zu sehen, wie weit es noch hinauf geht. Sobald man den Zenit aber überschritten hat, beginnt eine **Veränderung des Zeitempfindens.** Es geht gefühlt viel zu schnell bergab. Innerlich denkt man: „Nein, ich will noch nicht aufhören. Noch eine Runde!"

Im Grunde ist das eine **Metapher für viele Dinge in unserem Leben.** Wir arbeiten auf ein Ziel hin, beispielsweise das Wochenende. Dabei nehmen wir einen Tunnelblick ein und powern uns von Montag bis Freitag durch die Woche. Wenn wir dann völlig erschöpft in unserem Freitagfeierabend ankommen, hält die Zufriedenheit oft nicht lange an. Die Sorge macht sich breit, dass das Wochenende gleich wieder vorbei ist. Es lohnt sich, jeden Tag angenehme Dinge bewusst einzuplanen. Sich an einem Montagmittag mit einem schönen Essen belohnen oder in der Mittagspause einen Spaziergang machen statt im Internet zu surfen. Den Heimweg um 5 Minuten verlängern, um noch eine Runde um den Block zu gehen.

Auch auf einer **Fahrt mit dem Riesenrad** sollte jeder Moment genauso viel wert sein. Die Dinge während des Weges nach oben und nach unten bewusst sehen: die arbeitenden Menschen auf der Baustelle, die vorbeifahrenden Züge am Ostbahnhof und auch die grasenden Schafe auf dem Dach eines Werksgebäudes.

„Umadum", der Name des Riesenrads, ist übrigens Bayerisch und heißt so viel wie „rundherum". Eine Einladung, den Blick nicht ausschließlich auf die schönste Seite mit dem Alpenpanorama und den imposanten Gebäuden zu richten.

Für mich!

Gondelfahrt über München erleben

Umadum – das Münchner Riesenrad, Atelierstraße 11, 81671 München, www.umadum.info

DATE MIT EINEM HIRSCH

Der Hirschgarten kann wohl als der zentralste „Wildpark" in München bezeichnet werden. In unmittelbarer Nähe zu Hirsch & Co. auf einer Decke in der Sonne zu liegen, ist hier möglich.

Sich mit Tieren zu verständigen, erfordert den verstärkten **Einsatz von Sinneswahrnehmungen,** die über die verbale Kommunikation hinausgehen. Tiere können nicht in unserer Art und Weise sprechen und man ist somit angehalten, ihre Körpersprache, Blicke und Laute zu deuten.
Mit grundsätzlich scheuen Waldtieren ist die Annäherung noch einmal schwieriger als beispielsweise mit Haustieren.
Das **Gehege des Damwilds** und der Mufflons im Hirschgarten, einem 40 Hektar großen Park im Münchener Westen zwischen Laim und Nymphenburg, befindet sich in unmittelbarer Nähe des Restaurants Königlicher Hirschgarten. So gesehen sind die Tiere den Menschentrubel gewöhnt und wissen zum Beispiel um den Freudentaumel bei einem im Biergarten übertragenen Fußballspiel.

Für mich!

Auf Tuchfühlung mit Waldtieren gehen

Das Wild darf auch gefüttert werden, wenn man ein paar ausgeschilderte Hinweise beachtet: Wildkräuter und einige Gemüse- sowie Obstsorten sind in Ordnung. Ein **Futterautomat** mit entsprechend geeigneten Leckereien hängt direkt neben dem Gatter. Die Tiere wissen genau, was das Geräusch des Drehrads am Automaten bedeutet und nähern sich frühzeitig der potenziellen Futterquelle. Die Hirsche haben ihren scharfen Instinkt trotz der gewohnten Menschennähe nicht verloren. Wenn das Futter gebende Objekt Hektik ausstrahlt, laut ist oder zu schnelle Bewegungen macht, zieht sich das Wild zurück und beobachtet einen erst einmal aus der Ferne. **Geruch spielt eine große Rolle** – das Damwild kann den Menschen aus 400 Metern Entfernung wahrnehmen. Es erfordert also eine gewisse innere Ruhe, damit einem aus der Hand gefressen wird.
Sobald die Tiere einem tief in die Augen schauen, versucht man, den Blick so lange wie möglich zu halten. Die Hand mit den Leckereien wird sanft und sauber geleckt, danach kann man durch das Gatter hindurch kurz das weiche Fell oberhalb der Nase streicheln.

Hirschgarten, Hirschgarten 1, 80639 München

PENDEL DER RUHE

**Auf der Museumsinsel in München wird klar,
wie einen die Physik bei der Entspannungsfähigkeit
unterstützen kann.**

Auf Grundlage von Physik entspannen? Das klingt für viele erst einmal sehr abwegig. Naturwissenschaft und Technik hautnah erleben: Dafür steht das **Deutsche Museum** mit seinen fünf Standorten. Im Münchner Haus auf der Museumsinsel befindet sich unter vielen interessanten Ausstellungsstücken ein sogenanntes **Foucaultsches Pendel.** Gemeint ist damit ein Pendel mit großer Länge und Masse, welches ohne astronomische Beobachtungen am Himmel die Erdrotation anschaulich nachweisen kann. Was hat es nur mit dieser beruhigenden Wirkung eines Pendels auf sich? Gleichmäßige, **immer wiederkehrende Bewegungen,** die durch eine physikalische Wirkung funktionieren, entspannen und fokussieren. Denkt man nur mal an Newtons Kugelstoßspiel oder einen japanischen Brunnen mit Wasserwippe.

Der Versuch verdankt seinen Namen einem **französischen Physiker.** Dieser fand heraus, dass sich ein Pendel nicht nur auf einer geraden Linie hin und her bewegt, sondern mit der Zeit in eine Drehung geht, die nicht durch die Schwerkraft erklärt werden kann. Diese zieht nämlich permanent senkrecht nach unten.

Für mich!
**In Schwingung
bleiben**

Sehr anschaulich wird das nun folgendermaßen demonstriert: Die einmalig durch einen Mitarbeitenden angestoßene 30 Kilo schwere Bleikugel schubst stetig nach einigen Minuten aufgebahrte Kegel auf der Unterlage um. Diese befanden sich zu Beginn jedoch noch nicht auf der Fluglinie des Pendels. Dieses Phänomen lässt sich nur damit erklären, dass es der Boden sein muss, der sich bewegt.

Übrigens ist das nicht nur sichtbar, sondern auch zu hören: Dafür sorgt ein installierter Mechanismus, der eine Klangplatte anschlägt. Das Beobachten der gleichmäßigen Bewegungen strahlt völlige **Ruhe und Balance** aus. Das Pendel in München wurde inzwischen modernisiert und neu inszeniert. Ein Besuch lohnt sich und man erkennt: Physik und Entspannung schließen sich gegenseitig nicht aus.

Deutsches Museum, Museumsinsel 1, 80538 München,
Tel. (0 89) 2 17 93 33, www.deutsches-museum.de

FLIESSENDER FEIERABEND

In chinesischen Parks ganz gewöhnlich – mitten in München noch etwas außergewöhnlich: mit den fließenden Bewegungen aus dem Qi Gong in den Feierabend starten.

Die Stadt hat sich etwas Tolles für ihre Bürgerinnen und Bürger überlegt: ein tägliches Bewegungs- und Entspannungsprogramm auf vielen Grünflächen und Münchner Parks. Neben dem Hallenprogramm läuft das Projekt **„Fit im Park"** jedes Jahr zwischen Mai und September. Kostenfrei und ohne jegliche Anmeldeformalitäten können die Angebote besucht werden. Nicht selten kommt es vor, dass zufällig vorbeigehende Spaziergänger eine Weile bei den Übungen mitmachen und wieder gehen oder auch bis zum Schluss bleiben. Und das bereits seit über 25 Jahren!

Für mich!

Dem Körper Achtsamkeit entgegenbringen

Fast genauso lange ist die Qi-Gong-Lehrerin und Musikpädagogin Miriam Struncius mit an Bord. Ihre **Qi-Gong-Stunde** am Donnerstagabend um 18 Uhr im Luitpoldpark wird oft von über 150 Interessierten besucht. Man merkt schnell, warum: Miriam strahlt regelrecht von der kleinen Bühne und führt ihre Stunde mit viel Engagement und Herz durch. Sie lächelt in die bunt gemischte Truppe aus Jung und Alt. Zwischen den übenden Menschen in Alltags- oder Sportkleidung tummeln sich auch ein paar lesende Parkbesuchende auf Picknickdecken, die sich entweder nicht an der Gruppe stören oder sogar ein Stück von der aufkeimenden **Welle der Entspannung** abbekommen möchten. Es ist ein buntes Miteinander in Harmonie! Miriam führt ihre Bewegungen mit großer Technikaffinität aus. Wessen Körper die Technik nicht genau ausführen kann, fühlt sich trotzdem herzlich willkommen, denn es werden zahlreiche Alternativübungen gezeigt. Die stehenden Haltungen haben etwas Fließendes und Sanftes an sich. Der Atem synchronisiert sich nach einer Weile mit den Bewegungen und es tut einfach gut. Gerade wenn es unmöglich erscheint, nach Arbeitsschluss den **Kopf freizubekommen,** kann der Besuch solch einer 45-minütigen Einheit erfrischend wirken. Irgendwann ist tatsächlich auch der Trubel des Parks in den Hintergrund gerückt. Flankiert von Biergarten und Spielplatz, richtet sich der Fokus nur noch auf den eigenen Körper.

Qi Gong, Miriam Struncius im **Luitpoldpark,**
Brunnerstraße 2, 80804 München

Die Kraft des Qi

Körper und Geist in Einklang

DIE EIGENE LEBENSENERGIE WIEDER IN HARMONIE BRINGEN

Traditionelle Chinesische Medizin (kurz TCM) ist eine **ostasiatische Heilkunde,** die bereits seit mehr als 2000 Jahren praktiziert wird. Im deutschsprachigen Raum ist sie vor allem durch die Methode der **Akupunktur** bekannt, die unter anderem bei Bluthochdruck oder Schlafstörungen eingesetzt werden kann. Die TCM ist jedoch in ihrer Tradition viel umfassender und fußt auf mehreren Säulen. Man sagt, das gesamte Spektrum dieser Medizin könne in nur einem Menschenleben nicht erlernt werden.

Qi: Das sogenannte Qi ist nicht ganz leicht zu übersetzen. Man findet Begriffe wie **Lebensenergie, Kraft oder Atem.** Sowohl im Körper als auch in der gesamten Umwelt enthalten, hat es fließenden Charakter. Ein Stillstand des Qi würde Tod bedeuten. Krankheiten werden in der TCM als Qi-Stau, Qi-Mangel und Qi-Überfluss bezeichnet, die durch bestimmte Methoden wieder in Harmonie gebracht werden können.

Meridiane: Unter den Meridianen wird ein **Leitsystem des Körpers** verstanden, ähnlich wie der Blutkreislauf, in dem das Qi als Lebensenergie fließt. Zwölf Hauptleitbahnen haben jeweils eine Verbindung zu einem Organsystem und können durch Techniken der TCM behandelt werden.

Akupunktur und Moxibustion: Bestimmte Punkte des Körpers werden **durch feine Nadeln oder Wärme stimuliert.** Nach chinesischer Vorstellung werden Krankheiten, die durch einen Qi-Stau entstehen, damit gelöst. Angenommen wird auch die Ausschüttung von Glückshormonen und anderen entzündungshemmenden Substanzen durch die Behandlung.

Arzneimittel: Meist handelt es sich dabei um **Heilpflanzen,** die komplex zusammengestellt und perfekt auf die betroffene Person abgestimmt werden. Oft wird die Mixtur als Teemischung verabreicht.

Ernährung: Lebensmittel werden nicht nur in deren Energiewert eingeteilt, sondern einer bestimmten **Wirkrichtung** zugeordnet. Unterschiedliche Geschmacksrichtungen wirken hier auf bestimmte Organe. Bitteres stimuliert das Herz und den Dünndarm, Saures die Leber und Galle, Scharfes die Lunge und den Dickdarm, Salziges die Blase und Nieren, Süßes die Milz und den Magen.

Massage: Die klassische Massage der chinesischen Tradition ist **Tuina.** Durch die Ausübung von Kneten, Streichen, Klopfen und Greifen an verschiedenen Punkten auf den Meridianen wird die Blutzirkulation angeregt und das Qi zum Fließen gebracht.

Bewegungsübungen: Bei den Formen des Qi Gong und Tai Chi werden bestimmte Bewegungsabläufe durchgeführt, bei denen **Reflexpunkte gedehnt** werden. Atem und Koordination spielen ebenfalls eine große Rolle bei der Ausübung.

Die TCM stellt mit ihrem ganzheitlichen Prinzip eine interessante Alternative oder begleitende Methode zur westlichen Ansicht der **Gesunderhaltung** dar. Obwohl das Verständnis von Meridianen und der Lebensenergie immer wieder infrage gestellt wird, lohnt sich das Ausprobieren. Wenn man die Bewegungsübungen des Qi Gong zum Beispiel nicht machen möchte, um sein Qi wieder in Harmonie zu bringen, dann eben einfach als angenehme **Entspannungsmethode.**

BÜCHER TO GO

Wer Lust hat, ein neues Buch zu lesen, muss nicht zwingend Geld dafür ausgeben. Zahlreiche öffentliche Bücherschränke der Stadt laden zu einer Schmökerstunde an der frischen Luft ein.

Schon einmal von einer **Outdoor-Bibliothek** gehört? In München gibt es gleich mehrmals die Gelegenheit für solch einen Besuch. Bei den an bestimmten öffentlichen Plätzen aufgestellten Bücherschränken haben Bürgerinnen und Bürger die Möglichkeit, ausgelesene Literatur abzugeben und vorhandene Werke auszuleihen. Die Bücher müssen natürlich intakt sein und das Ganze beruht auf Vertrauensbasis.

Die Bücherauswahl ist sehr gemischt. Hier entdeckt man ältere und neuere Biografien, Romane wie Helen Fieldings „Bridget Jones – Schokolade zum Frühstück" bis hin zum Duden und Reiseführer. Auch einige fremdsprachige Exemplare kann man finden.

Für mich!

Ein Bücherwurm im Holzhäuschen sein

Fast in jedem Stadtviertel gibt es eine Minibücherei. Der erste Schrank stand am Nordbad in Schwabing. Doch ein anderer Standort fällt besonders ins Auge: der **Bücherschrank am Herrgottseck** im Stadtteil Au-Haidhausen. Warum? Schon auf dem Weg dorthin wird die Straße immer schmaler und romantischer mit groben Pflastersteinen. Der Schrank steht im Grunde auf einer ungeteerten Fußgängerpassage **in ruhiger Lage** fernab der Hauptstraße. Des Weiteren handelt es sich bei diesem Schrankexemplar eher um ein kleines Häuschen. Der alte, umgebaute Schreberschuppen ist mit Abstand der nostalgischste von allen.

Sogar ein kleiner **Hocker** steht zur Verfügung, wenn man sich längere Zeit in die Schmöker vertiefen möchte. Man ist eigentlich ganz für sich, denn der kleine Weg zum Bücherhäuschen wird kaum frequentiert.

Die ehrenamtlichen Patinnen und Paten kommen täglich vorbei, um nach den Bücherschränken zu sehen und die Inhalte wieder zu sortieren.

Das Prinzip, Bücher zu jeder Zeit allen kostenfrei zur Verfügung zu stellen und mit dem eigenen ausgelesenen Buch vielleicht jemand anderem wieder eine Freude zu bescheren, zeugt von einem schönen Miteinander.

Bücherschrank, Am Herrgottseck 2, 81669 München

SONNENBAD AM SARKOPHAG

Umrahmt von einer steinernen Mauer finden sportbegeisterte und entspannungsuchende Münchener in der Maxvorstadt eine Auszeit an einem besonderen Ort.

Es mag für viele ein eher ungewöhnlicher Ort der Ruhe sein. Für die ansässigen Städter ist es jedoch ein beliebter Naherholungspark: der **Alte Nordfriedhof.** Wenn man das 4 Hektar große Areal im Stadtteil Maxvorstadt betritt, sieht man Freundinnen, die auf ausgebreiteten Decken zwischen den Grabsteinen sitzen. Sportbegeisterte Jogger, die ihre Runden um den äußeren Weg des Friedhofes drehen. Ein Rundlauf misst dabei 750 Meter. Auf Bänken verweilende Menschen, die sich miteinander unterhalten oder etwas lesen.

Das alles wäre nichts Außergewöhnliches, wäre da nicht die Tatsache, dass man sich gerade auf einem Friedhof von 1868 befindet. Makaber? Der Münchner weiß Bescheid, was gemeint ist, wenn man sich „zu einem Kaffee auf dem Friedhof" trifft. Es scheint hier keine beängstigende Atmosphäre zu sein und das ist vielleicht gerade das Schöne. Am Alten Nordfriedhof ertappt man sich jedenfalls bei dem Gedanken, dass es den Verstorbenen womöglich gefallen würde, wenn so viel Leben um sie herum ist.

Für mich!

Hinter hohe Steinmauern zurückziehen

Von den ursprünglich 7000 **Grabanlagen** sind etwa 700 erhalten. Die Grabsteine sind nicht wie gewöhnlich symmetrisch angeordnet und es bleibt viel Platz dazwischen. Seit dem Zweiten Weltkrieg gab es keine Bestattungen mehr auf dem Areal und der Alte Nordfriedhof wurde offiziell **zum Park umfunktioniert.** Im Rahmen der Pietät kann man dort entspannte Pausen und sogar ein Sonnenbad in angemessener Kleidung genießen. Durch einige Gebote, wie das Unterlassen von Ballspielen, lauter Musik, Grillaktivitäten oder Festlichkeiten, unterscheidet sich der Park deutlich von anderen Grünanlagen Münchens.

Die Sträucher und Laubbaumbestände sind außerdem wichtige Brutstellen für Vögel in der eher spärlich begrünten Maxvorstadt. An melodischem Vogelgesang mangelt es also nicht beim **Friedhofsspaziergang.**

Alter Nordfriedhof, Arcisstraße 45, 80799 München

PAUSE MIT ORGELPFEIFEN

Durch die Klänge einer Orgel mitten am Tag im Zentrum der hektischen Innenstadt zur Ruhe kommen. Durchatmen und sich frischen Geistes wieder auf den Weg in die zweite Tageshälfte machen.

Wenn wir uns schon einmal eine kleine Auszeit nehmen, dann vielleicht eher abends nach der Arbeit. Mitten am Tag bleibt meist nicht genug Zeit oder es wird vergessen. Dabei wäre es so wichtig, mehrere kleine Pausen in den Tag einzubauen, die möglichst reizarm gestaltet sind. Letzten Endes erwischen wir uns in der eigentlich **kostbaren Mittagspause** dann doch wieder mit dem Handy oder „noch schnell" Sachen erledigend.

Wer sich in der Nähe der Münchener Fußgängerzone zwischen Stachus und Marienplatz aufhält, weiß um den Trubel an diesem Ort. Kaum vorstellbar, hier kurz innezuhalten und zu pausieren. Doch es gibt einen Ort, der inmitten dieses Zentrums zur Stille aufruft: die **katholische Kirche St. Michael** mit ihrer Mittagsmeditation.

Für mich!

Eine klangvolle Mittagspause einschieben

Es geht dabei nicht um eine religiöse Meditation oder eine Predigt per se. Die stille Atem.Pause, die montags bis freitags immer um 12.30 Uhr für eine Viertelstunde stattfindet, macht einen eher weltlichen Eindruck und ist auch für alle Interessierten ohne oder mit anderer Konfession einladend.

Den Rahmen des Aufenthaltes bildet das wunderbare **Orgelspiel** der Kirche. Es werden langsame tiefe Töne angespielt. Das Tolle daran: Es ist nicht nur etwas für das Ohr. Die riesigen Orgelpfeifen stoßen eine regelrechte Vibration aus, die den ganzen Körper angenehm durchfließt. Man hat fast den Eindruck, dass die vom Arbeits- oder Shoppingtag angespannten Schultermuskeln locker gerüttelt werden.

Zudem wird eine kleine Geschichte vorgelesen. Dieses Mal handelt sie von Zeitnot. In der Lesung wird deutlich, dass es gar nicht so sehr darum geht, immer viel Zeit für alles zu haben, sondern um die **Qualität unserer Zeit.** Dass wir wirklich mit allen Sinnen bei einer Sache sind und nicht 1000 Dinge gleichzeitig tun sollten. Denn dann geschieht etwas Herrliches: Die Zeit, die wir mit jemandem oder etwas verbracht haben, kommt einem länger vor und bleibt auch stärker in Erinnerung.

St. Michael Kirche, Neuhauser Straße 6, 80333 München, www.st-michael-muenchen.de

LESEN UND NASCHEN

Sich einmal an das Thema Gartenarbeit herantasten
und die gesundheitsförderlichen Aspekte spüren –
das ist auch mitten in der Stadt möglich.

Auf der Südseite der **Münchener Stadtbibliothek in Sendling** befindet sich eine grüne Oase. In die Bücherei spaziert, geht es durch eine Glasfront hinaus in den heckenreichen Hinterhof. Mit sattem Grün etwas von der vielbefahrenen Straße abgeschirmt, lässt es sich hier auf den Sitzmöglichkeiten mit einem Buch aushalten. Doch die **Hinterhofoase** hat noch mehr zu bieten. Ein Teil des Lesegartens wurde zum **Naschgarten** umgewandelt. Kiwi, Weintrauben, Johannisbeeren und Erdbeeren sind dort unter anderem vertreten. Die Beete können von einem Paten übernommen und gepflegt werden. Mit zur Verfügung gestellten Gartengeräten kann der grüne Daumen hier auf die Probe gestellt werden. Organisiert wird das Ganze von der Bibliotheksleiterin Barbara Kreder.

Für mich!

In der grünen
Oase lesen und
buddeln

Ältere Generationen wussten bereits um die heilsame Wirkung der **Gartenarbeit.** Man beschäftigt sich in der Natur, atmet frische Luft und ist umgeben von verschiedenen Sinneseindrücken. Zudem übernimmt man **Verantwortung für ein lebendes Pflanzenwesen,** das wächst. Das heißt, es muss immer wieder flexibel auf die Bedürfnisse eingegangen werden: die Wassermenge, die Sonneneinstrahlung, die Qualität der Erde, die Abwehr von Pflanzenschädlingen und vieles mehr. Es geht um einen Prozess, bei dem sich die eigene Bemühung unmittelbar im Ergebnis widerspiegelt, wenn die Blume oder das Gemüse ausgewachsen ist. Allein das Betrachten von Pflanzen und Blumen kann entspannend wirken. Die Farbe Grün wirkt sehr harmonisierend auf das Nervensystem.

Mehrere der Münchener Stadtbibliotheken haben **Lesegärten** mit ganz unterschiedlichem Charakter, aber nur die Einrichtung in Sendling lädt auch zum Buddeln und Gießen ein.

Wer also Lust hat, sich neben der kurzweiligen Lesestunde aktiv beim Garteln einzubringen, meldet sich in der Bibliothek. Die notwendige Gartenliteratur steht dann praktischerweise gleich zur Verfügung.

Stadtbibliothek Sendling, Albert-Roßhaupter-Straße 8,
81369 München, Tel. (0 89) 7 46 35 10

EISKALTE ERFRISCHUNG

Nach dem Mittag sollst du ruhen oder 1000 Schritte tun. Warum nicht einen Abstecher zum Eisbach, etwas fernab des Surfertreffpunktes, machen und einen kühlen Kopf für die zweite Tageshälfte bewahren.

Der Englische Garten ist der wohl bekannteste Park in München. Vielleicht auch der am meisten frequentierte! Nichtsdestotrotz lassen sich hier ein paar ruhige Plätzchen für eine Atempause – an schönen Tagen auch für ein erfrischendes Fußbad – finden.

Der Eisbach entspringt der Isar und zieht sich an der Oberfläche gut 3 Kilometer von der berühmten Eisbachwelle bis etwa auf Höhe des denkmalgeschützten Wasserkraftwerkes Tivoli im nördlichen Teil des Englischen Gartens, bevor er wieder zurück in die Isar fließt. Nicht nur an heißen Tagen wird er als beliebte Abkühlung genutzt. International ist er vor allen Dingen als Surfer-Hotspot bekannt. Offiziell ist das Baden im Eisbach verboten und wird lediglich toleriert. Es soll hier ausdrücklich nicht empfohlen werden, denn das Wasser ist schon etwas stürmischer und wird auch im Hochsommer nicht wärmer als etwa 15 Grad. Bei aufmerksamer Handhabung und körperlicher Gesundheit ist gegen ein Fußbad an einer ruhigen Stelle jedoch nichts einzuwenden.

Für mich!

Auszeit am
Wasser mit
Frischekick

Optimalerweise mit einer kleinen Decke oder einem Handtuch ausgestattet, geht es los von der Surferwelle Richtung Nordosten am Eisbach entlang bis etwa auf Höhe der Sportanlage Hirschanger. Hier lässt es sich schön gemütlich zwischen Bäumen und Büschen an der gemauerten Begrenzung des Baches sitzen. Nicht wundern, wenn auf einmal Erfrischungsuchende, die sich vom Bachlauf treiben lassen, mit Plastiktüten vorbeischwimmen. In den Plastiktüten ist das Hab und Gut verstaut und der Rückweg wird im Anschluss zu Fuß oder mit der Tram angetreten.

Schon Mitte des 19. Jahrhunderts wusste Naturkundler Sebastian Kneipp um den gesundheitlichen Effekt eines eiskalten Fußbades. Die Venen werden trainiert und der Körper wieder gut durchblutet. Ideal also, um dem gefürchteten Nachmittagstief entgegenzuwirken.

Englischer Garten, Eingang beim Haus der Kunst,
Prinzregentenstraße 1, 80538 München

Kneipp'sche Säulen

Glückshormone wach kitzeln

FÜNF SÄULEN FÜR DIE GESUNDHEIT

Die Sebastian-Kneipp-Akademie, die sich dem Erbe Kneipps verschrieben hat, unterteilt dessen gesundheitliche Wirkrichtungen in fünf Elemente: Wasser, Bewegung, Ernährung, Heilpflanzen und Lebensordnung.

Wasser: Kaltes Armbad

Wer in das unangenehme Nachmittagstief abdriftet, kann ein kaltes Armbad am Waschbecken versuchen. Dabei werden nicht einfach nur die Hände kalt abgewaschen, sondern beide **Arme gleichzeitig ins 12 bis 18 Grad kühle Wasser getaucht.** Es wird ruhig verweilt, bis sich nach 30 Sekunden ein steigerndes Kältegefühl zeigt. Anschließend wird das Wasser nicht abgetrocknet, sondern nur abgestreift. Ein munterer Fitmacher, der die Durchblutung anregt und den Kopf klar macht. Nicht umsonst wird das kalte Armbad auch Kneipp'scher Espresso genannt.

Bewegung: Barfuß gehen

Der menschliche Fuß hat zahlreiche Muskeln und Sehnen, die durch fortwährendes Schuhetragen stark verkümmert sind. Barfuß kann man versuchen, sich auf den Zehenspitzen fortzubewegen. Oder nur die großen Zehen anzuheben und den Rest der Zehen in den Boden zu drücken – dann umgekehrt. Solche vermeintlich einfachen Koordinationsübungen sorgen für eine **stabilere Haltung** und können sogar Knie- und Rückenschmerzen verbessern.

Ernährung: Schokoladenübung

Abgesehen von gesunden Lebensmitteln und deren Zubereitung geht es um den **bewussten Essgenuss.** Dazu legt man ein Stück Schokolade auf den Handrücken und riecht daran. Mit der Zungenspitze dann die Schokolade einmal ablecken und sich auf den zurückbleibenden Geschmack konzentrieren. Nachdem man die Süßigkeit auf die Zunge gelegt hat, bewegt man sie im Mund hin und her, ohne darauf zu beißen. Den Rest der Schokolade im Mund schmelzen lassen.

Heilpflanzen: Thymianhonig

Thymian gilt aufgrund seiner antibakteriellen und entzündungshemmenden Wirkung **als Heilpflanze.** Vor allem zum Schutz der Atemwege, aber auch bei Magen-Darm-Problemen lässt er sich einsetzen. Für einen Thymianhonig schichtet man im Wechsel flüssigen Honig und bestenfalls blühenden Thymian. Man kann nämlich sowohl die Blättchen als auch das blühende Kraut an den Spitzen verwerten. Den Deckel des Honigglases dann für einige Tage noch nicht zuschrauben, sodass Gase entweichen können. Anschließend eignet sich das Produkt zum Süßen von Getränken oder Naturjoghurts.

Lebensordnung: Ruheort

Als Pfarrer lag Kneipp die Seelsorge am Herzen, die er als Grundlage für Gesundheit verstand. Der heutige Begriff der Lebensordnung entstand aus dieser Idee und meint die **psychische Gesundheit** eines Menschen. Mithilfe des Autogenen Trainings kann man sich für einige Minuten pro Tag einen Ruheort vorstellen: die Hängematte im Garten oder auch einen Fantasieort. Wichtig ist, sich diesen Ort mit allen Sinnen vorzustellen: wie es dort aussieht, wie es riecht, was zu hören ist und wie sich die Temperatur anfühlt. Ziel ist, sich in jedweden Situationen an den Ruheort denken zu können und durch dieses Mentaltraining erholsame Minipausen im Alltag zu erfahren.

BERUHIGENDER BERG-BLICK

In der Mittagspause über den Geräuschen der Stadt verweilen und bei einem herrlichen Blick auf das Alpenpanorama entspannen – das funktioniert auch ohne große Anstrengung und weite Fahrt.

Im Stadtteil Schwabing-West befindet sich der 33 Hektar große Luitpold-park, dessen Kern ein von 90 Linden und 25 Eichen umsäumter Obelisk bildet. Inmitten des Parks erstreckt sich auch der **Luitpoldhügel,** der von den Münchnern liebevoll „Luitpoldberg" genannt wird, auf 37 Meter Höhe. Nicht wirklich ein „Berg", bietet er jedoch eine willkommene Gelegenheit für einen Spaziergang oder eine Joggingrunde in der Mittagspause. Neben einem gestuften Weg, der hier und da ganz romantisch von Baumwurzeln und Moos umsäumt ist, schlängelt sich auch ein etwas breiterer asphal-tierter Weg nach oben. Nach bestrittenem und **nicht allzu steilem Aufstieg** laden die Sitzmöglichkeiten zum Brotzeitmachen, Ausruhen und Verweilen ein. Der eigentliche Grund für den Aufstieg wird aber schnell klar. Hier kann man sowohl Richtung Norden als auch Süden einen weiten Blick über München genießen.

Für mich!
Den Überblick gewinnen

Bei klarem Himmel geht der Blick auf der Südseite sogar **bis zu den Alpen.** Daher lohnt sich auch ein sehr früher Spaziergang am Morgen, wenn die Luft noch klar ist und kaum jemand unterwegs ist.

Es ist ein schönes Gefühl, sich über den Geräuschen der Stadt mit ihrem Verkehrslärm und den Menschenmengen zu befinden. Alles wird ein wenig gedämpft wahrgenommen. Von Laubbäumen umringt kann frei und tief durchgeatmet werden, um wieder neue Kraft zu tanken.

Der Luitpoldhügel ist eigentlich ein Schuttabladeplatz für die Häuser-trümmer aus dem Zweiten Weltkrieg, woran uns auch das dort aufgestellte **Gipfelkreuz** erinnert.

Auf dem Hin- oder Rückweg durch den Park kann es durchaus vorkom-men, dass man auf den weiten Grünflächen einigen Menschen beim Aus-üben von Yoga oder Qi Gong begegnet. Allein der Anblick der sanften Bewegungen beruhigt die Seele und man verlangsamt ganz intuitiv sein eigenes Gehtempo.

Luitpoldpark mit Luitpoldhügel, Brunnerstraße 2, 80804 München

LACHEND DURCHS LEBEN

Das Gefühl nach einem herzhaften Lachflash ist unschlagbar! Diese lebendige und glückliche Stimmung ist trainierbar. Innerhalb einer Lachyogagruppe wird dem Phänomen Lachen auf den Grund gegangen.

„Warte nicht darauf, dass andere dich anlächeln – lächle du zuerst!" Dieser Meinung ist Cornelia Leisch, Lachtrainerin aus München. Neben dem von ihr organisierten Lachclub, der seit über 15 Jahren jeden Sonntag für eine Stunde im Westpark stattfindet, bietet sie auch zahlreiche andere Gelegenheiten an, sich dem Lachen anzunähern.

Wenn sie sich als Lachtrainerin vorstellt, erntet sie oft ungläubige Blicke, jedoch sieht sie dies als ihre Berufung! In ihrem **Lachtraining-Basiskurs** MUSS niemand lachen oder einen besonderen Sinn für Humor haben – es ist eine Einladung, durch gewisse Atem-, Muskel- und Koordinationsübungen zu beobachten, was sich daraus ergibt. Wenn man anfängt, sich mit Atemübungen aufzuwärmen „Hahahahahahaha, hehehehehehe, hihihihihihihi", da spürt man erst einmal ein Frischegefühl, aber es ist noch nicht unbedingt lustig.

Für mich!

Eine positive innere Haltung finden

Wenn man dann versteht, dass tatsächlich auch gar keine Fröhlichkeit da sein muss, um zu lachen, sondern durch das Lachen selbst Fröhlichkeit entsteht, lösen sich die Erwartungen und man lässt einfach geschehen. Es ist erwiesen, dass das Gehirn Endorphine freisetzt, wenn wir den Mund zu einem Lächeln bewegen. Durch die vertiefte Atmung schaltet das vegetative Nervensystem auf den Entspannungsmodus, Adrenalin wird abgebaut und der Kopf wird frei. Es fühlt sich fast wie nach einem ausgedehnten Waldspaziergang an. Die **Muskeln sind locker** und die Stimmung gehoben. Cornelia weiß: „Du musst nicht 20 Jahre meditieren, um den Kopf freizubekommen. 3 Minuten Lachen reichen."

Zudem sind wir im Alltag oft gezwungen, strukturiert und ohne Fehler zu agieren. Beim Lachtraining geht es eher darum, sich wohlzufühlen. Mit dem Lachen kann man sich leichter auf eine **positive innere Haltung** ausrichten. Es ist wirklich erlernbar. Lachen verbindet.

Lachtreff im Westpark, Cornelia Leisch, Westendstraße 305, 81377 München, www.cornelia-leisch.de

STUFENWEISE SONNE

Auf den Sonnenstufen einer Basilika den Arbeitsalltag hinter
sich lassen und dabei noch die Immunabwehr steigern.
Eine Gelegenheit dazu findet sich am „Dom von Schwabing".

Treppenstufen von historischen Gebäuden werden auch in München gern
als Aufenthalts- und Sonnenplatz genutzt. Besonders beliebt sind dabei
die Stufen der Glyptothek am Königsplatz, bei denen man von antiken
Säulen und Figuren umringt ist.

Wer es etwas ruhiger mag, kann sich auf den Stufen der **Kirche St. Ursula**
in Schwabing niederlassen. Der Sakralbau befindet sich mitten im Wohn-
gebiet und macht einen sehr imposanten Eindruck. Schon von Weitem
ist der „Dom von Schwabing" zu sehen mit seiner großen Vierungskup-
pel. Der Glockenturm erinnert ein wenig an den venezianischen
Markusturm. Ganz untypisch für eine christliche Stätte ist
sie nicht nach Osten ausgerichtet, sondern nach Norden.
Damit befinden sich die **Stufen genau auf der südlichen
Sonnenseite,** was den Münchnern in ihrer Mittagspause
entgegenkommt. Der kleine Platz vor den Stufen bietet
zusätzliche Bänke zum Ausruhen und man ist umringt von
liebevoll angelegten Blumenbeeten. Die Straße vor der
Basilika ist nicht übermäßig befahren und die umliegenden
Wohngebäude mit ihren unterschiedlichen Blasstönen in Rosa,
Gelb und Blau sind schön anzusehen.

Für mich!

Vitamin D
tanken

Wahrscheinlich hat das etwas erhöhte Sitzen auf Stufen etwas Beschüt-
zendes an sich. Man kann sich einen Überblick verschaffen und die Gedanken neu ordnen. Das kontrollierte **Sonnenbad** ist nicht nur entspannend,
sondern auch gesund. Gerade nach den langen Wintermonaten die ersten
Frühlingsstrahlen aufzusaugen, kann den Vitamin-D-Haushalt, der während der kalten Jahreszeit meist niedriger ausfällt, wieder auffüllen. **Vitamin D** soll ganz entscheidend bei der Immunabwehr sein.

Je nach Hauttyp und Jahreszeit variiert die Zeit, die man mit direkter Sonneneinstrahlung verbringen sollte, sodass immer noch mit gesundheitlichen Vorteilen zu rechnen ist. Denn auch hier gilt: in Maßen gesundheits-
förderlich und weniger ist mehr.

Kirche St. Ursula, Kaiserplatz 1, 80803 München

STADTTRIP AUF SCHIENEN

Station um Station langsam ruckelnd durch München
fahren und das sich verändernde Stadtbild auf sich wirken lassen.
Bayerischer Dialekt oft inklusive.

Wer die Stadt in Ruhe und wie ein Münchner auf sich wirken lassen möchte, kann dafür das reguläre **Trambahnnetz** nutzen. Mehr als ein gewöhnliches Tagesticket wird nicht benötigt.

Die **Linie 19** eignet sich dafür perfekt, denn sie durchfährt in rund 50 Minuten als einzige Straßenbahn die komplette Stadt von Ost nach West. Während der **34 Haltestellen** ändert sich das Stadtbild immer wieder und man bekommt einen guten Eindruck von der Vielfalt der Gebäude, während man bequem sitzt.

Vom **Bahnhof Berg** am Laim geht es stadteinwärts. Eine besondere Station ist das Maximilianeum, denn von dort geht es in einer Serpentine hinunter über die Maximiliansbrücke. Links und rechts bietet sich ein wunderschöner Blick auf die Isar. Als einzige Straßenbahn fährt die Linie 19 **mitten durch die Altstadt.** Je nachdem, wer die Tram fährt, werden die Hindernisse auf der Fahrt kommunikativ begleitet: „Glei geht's weiter, Herrschaften. Do vorn kann oana ned einparken." Die Linie 19 endet schließlich im Stadtteil **Pasing** vor dem historischen Bahnhofsgebäude.

Für mich!

Münchner Flair in der Tram erleben

Die Münchener lieben ihre Tram und können dort nach einem anstrengenden Arbeitstag sehr gut abschalten. Einfach mal die Verantwortung der Beförderung abgeben, gemütlich sitzen, Podcast hören, dösen oder aus dem Fenster schauen. Der wuselnden Menge auf der Straße zuschauen, während man sich im Trockenen und Warmen befindet.

Die Stadt bietet auch Spezialfahrten an, wie die weihnachtlich geschmückte **Christkindltram** mit Glühwein und Plätzchen.

Mittlerweile sind die Fahrzeuge sehr modern und gleiten geschmeidig auf den Schienen voran. Besonders nostalgisch wirkt eine geführte Tour, bei der eine der älteren Trambahnen aus dem Jahr 1957 eingesetzt wird. Die ruckeligen Bewegungen und lauten Fortbewegungsgeräusche machen die Fahrt zu einem Retroabenteuer mit Auszeitfaktor.

Haltestelle Berg am Laim, Truderinger Straße,
81677 München, weitere Infos auf der Website www.mvg.de

AUF LEISEN PFOTEN

Die Gegenwart von Katzen kann einen entspannenden Effekt auf unser Gemüt haben. Kaum zu glauben? Im Katzentempel kann man selbst die Kombination aus tollem Essen und Streicheleinheiten testen.

Mit einem leckeren Tee oder Kaffee verbringen wir gern eine kleine Pause, da er uns ein wohliges Gefühl gibt. Wenn sich währenddessen noch eine Katze an die Beine schmiegt und laut zu schnurren beginnt, ist das Entspannungserlebnis für viele perfekt. Aber was nun, wenn man kein eigenes Haustier hat oder möchte? Kein Problem: Die beruhigenden Eigenschaften eines Heißgetränks und einer Katze sind im Münchener Univiertel miteinander vereinbar – und zwar im **Katzentempel.**
Schon der Blick durch die großen Schaufenster des Restaurants verrät, dass dort irgendetwas anders ist. Neben den **gemütlichen Sitzgelegenheiten** befinden sich unheimlich viele Katzenkörbe, Kratzbäume und Kletervorsprünge in dem Raum. Es gibt einige Restaurantbesuchende, die den Vierbeinern ganz zugetan sind. Sie bei jeder Gelegenheit streicheln und mit ihnen sprechen, wenn die Tiere auf sie zukommen. Andere wiederum sitzen ganz lässig dort, lesen ein Buch oder unterhalten sich mit ihrer menschlichen Begleitung. Das Streifen des buschigen Schwanzes einer Katze an den Beinen wirkt auch hier wie ein schöner Nebeneffekt.

Für mich!
Streicheleinheiten und leckeres Essen kombinieren

Kathrin Karl, Biochemikerin, und Thomas Leidner, ehemaliger Broker, haben sich mit dem Katzentempel einen Traum erfüllt: den Traum, ihren Gästen mit Herz und Verstand den Tier- und Umweltschutzgedanken näher zu bringen. Der Katzentempel ist nämlich ein vorzügliches **veganes Restaurant.**
Die Vierbeiner, liebevoll „Tempelkatzen" genannt, stammen alle von Tierschutzorganisationen. Ein paar Verhaltensregeln sind einzuhalten und werden kommuniziert, um den Vierbeinern keinen Stress zu erzeugen. Die Stubentiger haben auch jederzeit die freie Wahl, sich in ihr Katzenzimmer zurückzuziehen.
Das Konzept ist so erfolgreich, dass inzwischen Franchise-Partnerschaften in verschiedenen Städten angeboten werden.

Katzentempel, Türkenstraße 29, 80799 München,
Tel. (0 89) 20 06 12 49, www.katzentempel.de/standorte/muenchen

Tierisch gesund

Die Um-mich-herum-Geborgenheit

WIE DER KONTAKT ZU TIEREN DEN MENSCHEN BERÜHREN KANN

Der Umgang mit Tieren hat eine vielschichtige positive Wirkung auf das menschliche Befinden. Nicht umsonst gibt es tiergestützte Therapien, die in bestimmten Bereichen mehr vollbringen können, als es der Mensch vermag.

Körperliche Ebene: Die Wärme eines Katzenkörpers, das Streicheln des weichen Felles und das vibrierende Schnurren lassen die **Anspannung** in den eigenen stressgeplagten Muskeln lösen. Als wäre das noch nicht entspannend genug, legen zahlreiche Studien zutage, dass zum Beispiel der Kontakt mit einer Katze nachweislich den **Puls beruhigt** und den Blutdruck sinken lässt. Durch viel Bewegung mit Tieren an der frischen Luft werden weitere Risikofaktoren für das Herz-Kreislauf-System gemildert. Bestimmte Stoffe wie Endorphin, das Glückshormon, oder Oxytocin, das

Bindungshormon, werden ausgeschüttet und führen zu einer ausgelasseneren, glücklicheren Stimmung. Das kann sogar auf das reine Beobachten der gleitenden Bewegungen von Fischen im Aquarium oder von Vögeln im Garten zutreffen.

Soziale Ebene: Ein Tier reagiert entsprechend auf unser Verhalten. Man kann die eigene Haltung also direkt an der Reaktion des Tieres ablesen. Somit bedeutet der Umgang ein ständiges Auseinandersetzen mit der eigenen Körpersprache und Stimmungslage. Auch die **Kommunikationsfähigkeit und das Selbstbewusstsein werden gestärkt:** Beim Gassigehen mit dem Hund stößt man unweigerlich auf andere Hundehaltende, mit denen man ins Gespräch kommen kann. Die Verantwortungsfähigkeit wird gesteigert und es gibt einem ein Gefühl von Selbstwirksamkeit, sich um ein Lebewesen kümmern zu können.

Emotionale Ebene: Auch wenn Tiere nicht auf die gleiche Art und Weise antworten können, kann es einen gesundheitlichen Aspekt haben, mit ihnen zu sprechen. Sie **schenken Trost,** wenn sonst niemand da ist, der einem gerade zuhören kann. Zudem gelingt es Tieren immer wieder, sich in **lustige Situationen** zu begeben, die einen zum Lachen bringen. Man denke dabei nur einmal an den Anblick eines Hamsters, der sich die Backen mit Nahrung befüllt.

Tiere begegnen einem auf einem weiteren Gebiet oftmals menschlicher, als der Mensch imstande wäre: der **Vorurteilsfreiheit!** Ihnen ist es völlig egal, wie man aussieht, wie erfolgreich man ist und wie viele Freunde man hat. Selbst wenn die gesundheitlichen Auswirkungen eines Haustieres bemerkenswert sind, soll ein Lebewesen natürlich nur aufgenommen werden, sofern es die räumlichen und zeitlichen Gegebenheiten für eine dauerhafte Fürsorge zulassen. Zahlreiche anderweitige Möglichkeiten bieten sich an, um den Kontakt zu Tieren zu pflegen: Als Tiersitter übernimmt man bei Abwesenheit des Haltenden für eine gewisse Zeit die Verantwortung. Auch Tierheime suchen immer Freiwillige, die mit Hunden spazieren gehen oder Katzen pflegen. Ähnlich wie bei einer Reitbeteiligung kann man sich die Betreuung für das Lebewesen aufteilen. In Zoos und Wildparks kann man sich im Streichelgehege annähern. Durch Patenschaften lassen sich die Hege und Pflege dann noch zusätzlich unterstützen.

WIE AUF DEM DORF

Einen ausgesprochen schönen Dorfplatz mit Maibaum, kleinen Läden und einer unverbauten Wiese findet man sehr wohl mitten in München.

Der **Stemmerhof** in Sendling war bis zum Jahr 1992 der letzte Bauernhof mit Milchwirtschaft im engeren Stadtgebiet. Heute dient er als Dorfplatz mit ausgewählten Geschäften für Bekleidung, Biolebensmittel und Fahrradbedarf. Kleinere und größere Gastwirtschaften mit Sonnenterrassen, auf denen man mittags oder abends für ein Schmankerl vorbeikommen möchte. Auch kulturell wird etwas geboten: Ausstellungsräume für Kunst und Kultur, Seminarräume und ein Theater!

Sendling ist einer der am dichtesten bebauten Stadtteile, wobei man trotzdem immer ein **ländliches Gefühl** bekommt, wenn man die Plinganserstraße, an der das Stemmerareal liegt, entlanggeht. Westlich hinter dem Hof kommt dann erst recht das Dorfgefühl auf, wenn man sich von der Hauptstraße wegbewegt. Dort ist nämlich die dicht bewachsene **Stemmerwiese,** die eine willkommene Liege- und Ausruhmöglichkeit inmitten der Häuserreihen bietet. Die Wiese sollte bereits in den 1980er-Jahren bebaut werden, jedoch konnte glücklicherweise ein kleiner Teil erhalten bleiben.

Für mich!
Ausruhen in ländlicher Umgebung

Die Wiese wird gerne genutzt, um in Ruhe zu lesen, in der Hängematte zu liegen oder ein kleines Picknick zu machen. Auch Yogaklassen finden immer mal wieder statt. Während der **Yogaübungen** können die umgebenden Geräusche der Insekten und die Düfte der Blumen mit aufgenommen werden. Man besinnt sich auf die Natur und wie sie auf den eigenen Körper und Geist wirkt. Die regelmäßig zu vernehmende Glocke der nahe stehenden oberbayerisch-barocken **Kirche St. Margaret** komplettiert das Dorfgefühl.

Bienenstöcke sorgen für Honig nach Bioqualität. Die Wiese wird daher auch nur mit der Sense handgemäht. So kann sich das Grün schonend erneuern und das Überleben von Insekten ermöglichen. Manche verbinden den Duft von frisch gemähtem Gras mit lauen Sommerabenden und entspannter Atmosphäre.

Stemmerwiese, Jägerwirtstraße, 81373 München

ASIATISCHE WEISHEITEN

Für die ostasiatische Lebenseinstellung ist es essenziell, sich des gegenwärtigen Moments bewusst zu sein. Diese Haltung wird im östlich angehauchten Westteil des Westparks deutlich.

Im Stadtteil Sendling-Westpark befindet sich der 69 Hektar große **Westpark,** der in den 1980er-Jahren für die Internationale Gartenbauausstellung (IGA) angelegt wurde. Hier geht es eher trubelig zu, aber in einem bestimmten Bereich des Parks kann man den gegenwärtigen Augenblick ganz besonders gut wahrnehmen und alltägliche Gedanken vorbeiziehen lassen.

Rund um den **Westsee** befindet sich nämlich das **Ostasienensemble.** Die Gebäude und deren Figuren werden durch entsprechende Schilder erklärt. Es macht Spaß, sich in die Geschichten der Herkunft und Tradition hineinzudenken. Auffallend ist der in Goldfarbe getauchte thailändische Tempel. Auf den steinernen Stufen sitzend, kann man die Spiegelung der Buddha-Statue im Wasser betrachten.

Für mich!

Meditierend am Wasser sitzen

Einige Meter entfernt prunkt eine **nepalesische Pagode** auf einem 9 Meter hohen Plateau. In den Sommermonaten wird das Gebäude in Vollmondnächten durch Münchner Buddhisten geschmückt.

Gleich nebenan befindet sich der **chinesische Garten,** der traditionell im Rundweg verläuft. Dieser soll die Jahreszeiten und damit verbunden auch das Lebensalter eines Menschen symbolisieren. Die einzelnen „Stationen" werden je nach Thema bepflanzt. Doch nur vom letzten Pavillon aus, der den Winter und gleichzeitig auch das hohe Alter darstellt, kann auf die gesamte Anlage – und auf das ganze Leben – zurückgeschaut werden. Es ist beeindruckend, wie der Garten als Metapher angelegt wurde. Meditativ hindurchspazierend und wieder stehen bleibend, kann man sich ganz auf den Moment konzentrieren.

Zuletzt geht es noch in den **japanischen Garten** mit seinem flachen Teich und langen Steg gegenüber einem traditionellen Teepavillon. Hier ist man durch japanische Baumarten und heimische Kiefern ein wenig abgeschottet und kann an der Aussichtsplattform eine Pause vom Alltag machen.

Ostasienensemble im Westpark, Eingang: Westendstraße 305, 81377 München

CAFÉ FÜR DIE SEELE

Ein sehr gutes Buch – ein exzellenter Kaffee –
ein angenehmes Gespräch! Das alles gibt es im Coaching-
und Seminarcafé mit Buchhandel.

Der Duft von analogem Buchpapier, frisch gemahlenen Kaffeebohnen und zimtigem Gebäck kommt einem bereits vor dem **Kitchen2Soul** entgegen. Wenn einem auch noch Gründerin Katrin Große von ihrer Kaffeemaschine aus entgegenlächelt, fühlt man sich herzlich willkommen.
Die **Franzbrötchen** gehören zu den besten außerhalb von Hamburg. Sofern man gleich am Vormittag vorbeikommt, sind sie noch lauwarm genießbar. Kaffeebohnen bezieht das Café regional von der Münchner Kaffeerösterei Fausto. Mit diesem Aroma in der Luft durch die ausgestellten Bücher zu stöbern, vermittelt ein sehr heimeliges Gefühl. Das Buchsortiment ist vor allem für Sinnsuchende und Menschen mit Lust auf Persönlichkeitsentwicklung interessant. Doch schnell wird klar, dass das **Seminarcafé** noch mehr kann: Im hinteren Teil der Verkaufstheke offenbaren sich Räume für Beratungen und Veranstaltungen. Der Kernbaustein des Konzeptes wird deutlich: die **Kitchen2Soul Akademie.** In den verschiedenen Räumlichkeiten bieten Katrin und ihre langjährige Freundin und Mitgründerin Tatjana Reichhart mit ihrem Team Fortbildungen im Bereich **Stressmanagement, Resilienz und Führungsqualitäten** an.

Für mich!

Guter Kaffee,
feines Gebäck
und Selbst-
fürsorge

Katrin lernte durch ihre Arbeit im Hotel- und Personalmanagement kennen, was es heißt, mit Stresssituationen umzugehen. Seit ihrer Ausbildung zum systemischen Business- und Personal Coach unterstützt sie viele Menschen bei Veränderungsprozessen. Tatjana ist Fachärztin für Psychiatrie und Psychotherapie und weiß um die Notwendigkeit, seelischen Belastungen vorzubeugen. Ganz ohne Arztkittel lässt sie nun ihre Kenntnisse in die **Coachings** und **Ausbildungen** einfließen. Daraus resultierte auch ihr Buch „Das Prinzip Selbstfürsorge".
Zwei ambitionierte Frauen, die mit dem Kitchen2Soul einen Ort geschaffen haben, an dem es kein Tabuthema ist, über Stress und Burn-out zu sprechen.

Kitchen2Soul, Schlörstraße 1, 80634 München,
Tel. (0 89) 18 90 87 13, www.kitchen2soul.com

HERRLICHE AUSSICHTEN

Die Effekte von Augenyoga und einer schönen Aussicht in Kombination erleben. Im berühmten Olympiapark gibt es dafür ein geeignetes Übungsplätzchen.

Für fast jeden, der nach München zieht oder kurzzeitig zu Besuch ist, steht ein Ausflug in den **Olympiapark** auf dem Programm. Natürlich möchte man den Anstieg auf den 60 Meter hohen Olympiaberg machen, um sich das Stadion, den See und den Turm von oben anzusehen. Immerhin handelt es sich um eine der höchsten Erhebungen Münchens.

Auf der **Plattform** gibt es einige Aussichtsfernrohre, mit denen man die Gegend in und um den Park erkunden kann. Bei guten Wetterbedingungen bietet der **Blick auf die Alpen** hinter dem Stadtpanorama romantisches Flair. Dementsprechend gut besucht ist der Gipfel.

Für mich!

Den Blick mit Augenübungen schärfen

Eine kleine Alternative zeigt sich einige Meter abwärts auf der südöstlichen Seite. Neben einem aus Aluminium errichteten Gedenkkreuz ist eine **runde Sitzbank** angebracht, die zum Verweilen einlädt. Natürlich ist der Blick nicht ganz so spektakulär wie auf dem höchsten Punkt, aber mit mehr Ruhe verbunden. Bis auf den Vierzylinderturm der Firma BMW ist der Horizont durch Baumreihen geprägt.

Es ist ein wunderbares Gefühl, die Augen durch einen weiten Blick in die Ferne zu regenerieren. Gerade wer viel Arbeit am Bildschirm erledigt, ist angehalten, den Fokus auf eine begrenzte Stelle aus der stets gleichen Entfernung zu richten. Wer mit dem Handy oder einem Buch vor einem Fenster sitzt und längere Zeit auf sein Medium schaut, kennt das Phänomen: Man schaut plötzlich auf in die Ferne und sieht im ersten Moment verschwommen. Das Auge benötigt dann etwas Zeit, um sich dem neuen Fokus anzupassen.

Es gibt sogar spezielle **Augenyogaübungen,** welche die Muskeln unserer Sehorgane wieder entspannen sollen: zum Beispiel das Wechselspiel zwischen einem Punkt in der Ferne und in der Nähe. Dabei wird jeweils ein Fokus für 3 Sekunden gehalten und scharf gestellt, bevor man wieder wechselt. Solche Augenübungen sind wunderbar mit einem **Spaziergang auf den Olympiaberg** vereinbar.

Olympiapark mit Olympiaberg, Spiridon-Louis-Ring 21, 80809 München

BERUHIGENDE TÖNE

Manchmal tut es gut, sich durch schöne Klänge „beschallen" zu lassen. Das Spielen eines Instruments kann einen zudem in einen Flow-Zustand bringen, in dem wir völlig das Zeitgefühl vergessen.

Mitten im Glockenbachviertel gibt es einen kleinen, aber feinen Laden, der einen beim Betreten in eine andere Welt führt: das Obertonhaus. Julia Stets, die den Laden im Jahre 2012 übernommen hat, spazierte eines Tages daran vorbei und spürte eine unglaubliche Anziehungskraft. Sie betrat das **Obertonhaus** und ist geblieben.

Es erwartet einen eine große und vielfältige **Auswahl an obertonreichen Instrumenten,** die den verschiedensten Kulturen entspringen: neben etwa 3000 Klangschalen befinden sich dort Handpans, Trommeln, Didgeridoos und weiteres. Allein der Aufenthalt ist magisch, denn es gibt immer jemanden im Raum, der gerade ein Instrument ausprobiert.

Für mich!

Mit Musik entspannen

Die Instrumente können zum eigenen Vergnügen, zur Entspannung, aber auch zu Therapiezwecken eingesetzt werden. Obertonreiche Klänge haben eine besonders **beruhigende Wirkung auf unser Nervensystem.** Der Effekt lässt sich sogar nachweisen. Durch ein EEG konnte in Studien bereits sichtbar gemacht werden, dass sich die Gehirnwellen durch Klänge in einer niedrigeren Frequenz bewegen können: in den sogenannten Alpha-Wellen. Diese Alpha-Wellen signalisieren einen entspannten Aufmerksamkeitszustand. In diesem Zustand kann sich der Körper bestens regenerieren: Puls- und Atemfrequenz beruhigen sich und es kommt zu einer Steigerung der Immunabwehr, der Lern- und Leistungsfähigkeit sowie der Entspannungsfähigkeit.

Julia beschäftigt sich gern damit, wie Menschen wahrnehmen. Ihr Sortiment enthält auch **Klangwerkzeuge für Babys.** In der Regel sind diese eher obertonarm, aber gerade für das Erlernen einer Sprache und das Kennenlernen der Umgebung können solche Klangspiele unterstützend in der Wahrnehmung wirken. Neben der Beratung und dem Verkauf der Instrumente organisiert Julia unter anderem auch Klangkonzerte, Meditationsabende und Musikunterricht.

Obertonhaus, Pestalozzistraße 30, 80469 München, Tel. (0 89) 26 77 72, www.obertonhaus.de

Wellen der Entspannung

Ruhe, die das Herz umarmt

KONZENTRIERTER LERNEN MIT DER RICHTIGEN GEHIRNFREQUENZ

Obwohl man bei einigen Menschen meinen könnte, es gelingt ihnen, wie auf Knopfdruck einzuschlafen, geschieht der **Übergang in den Schlafzustand,** indem man mehrere Phasen durchläuft. Bei dem einen passiert die Abfolge schneller, bei der anderen langsamer.

In jeder Phase auf dem Weg dorthin hat das Gehirn einen unterschiedlichen Aktivitätsbereich, dessen Stärke in Spannungswellen ausgedrückt wird. Wenn die sogenannten Alpha-Wellen gemessen werden, handelt es sich dabei um Gehirnwellen, die im Entspannungsmodus vorkommen.

Wie ist das alles messbar? In Schlaflaboren wird die Gehirnaktivität von Menschen, die beispielsweise unter Einschlafstörungen leiden, intensiv erforscht. Durch das Elektroenzephalogramm, dessen kleine Stöpsel –

die Elektroden – im Kopfbereich angebracht werden, können die unterschiedlich starken Wellen im Gehirn nachvollzogen werden.

Delta-Wellen: Dieser Bereich zeigt lang gezogene Wellen im Frequenzbereich von 0,1 bis 4 Hertz auf und kommt in der traumlosen Tiefschlafphase vor. Funktionen wie Puls und Atem werden verlangsamt und die Regeneration des Körpers setzt ein.

Theta-Wellen: Zwischen 4 und 8 Hertz schwingen die Theta-Wellen, wenn wir träumen und die Dinge des Tages verarbeiten. Wer einen Menschen in dieser Phase beobachtet, bemerkt, dass sich die Augen unter den geschlossenen Lidern zügig bewegen.

Alpha-Wellen: Leichte Entspannung oder entspannte Aufmerksamkeit ist im Bereich zwischen 8 und 13 Hertz anzusiedeln. Die Phase tritt meist schon mit dem Schließen der Augen ein.

Beta-Wellen: Aktiv konzentriert in der Arbeit oder während eines Gesprächs ist man bei einer Hirnaktivität von 13 bis 30 Hertz.

Gamma-Wellen: Dieser Zustand spielt sich im Bereich von 30 bis 100 Hertz ab, ist aber noch am wenigsten erforscht. In Zusammenhang gebracht wird er mit extrem anspruchsvollen Tätigkeiten und Spitzenleistungen.

Bei Entspannungs- oder Meditationsübungen befindet man sich häufig im **Alpha-Wellen- oder hohen Theta-Wellenbereich.** Hier ist die Erinnerungs- und Lernfähigkeit besonders ausgeprägt. So gesehen hilft es, sich vor Prüfungen oder einem Bewerbungsgespräch bewusst zu entspannen, um die erlernten Dinge gut abrufen zu können. In solchen Momenten denkt man leider so gut wie nie an Entspannung, sondern befindet sich in einem regelrechten Alarmzustand, der die Konzentrationsfähigkeit erschweren kann. Während der Alpha-Wellen steigt die Blut- und Sauerstoffzufuhr des Gehirns und der Herzschlag verlangsamt sich. Gute Voraussetzungen für mehr Kreativität. Manchmal kommen die besten Ideen kurz vor dem Einschlafen oder gleich nach dem Aufwachen, wenn die Alpha-Wellen aktiv sind.

Bestimmte Alpha-Wellenmusik und gewisse Stimmlagen können dazu führen, gezielt in den Frequenzbereich des Entspannungszustandes zu kommen und sogar die aufzuwendende **Lernzeit zu reduzieren.** Die Reize sollen dadurch nicht erst im Kurzzeitgedächtnis gespeichert werden, sondern direkt ins Langzeitgedächtnis gelangen.

MOSAIK ZUM MITTAG

Wenn der Arbeitsvormittag völlig unstrukturiert und überfordernd gelaufen ist, tut es gut, sich in die geometrisch organisierte Umgebung des Kabinettsgartens zu begeben.

Der **Kabinettsgarten** ist eher ein kleiner Innenhof, umrahmt von der östlichen Seite der königlichen Residenz und der Allerheiligen-Hofkirche. Von den zehn Höfen der Residenz macht der Kabinettsgarten den gemütlichsten Eindruck. Die etwa 1000 Quadratmeter große Anlage ist öffentlich vom Marstallplatz aus durch eine schmale Öffnung zugänglich.

Wer geometrisch angelegte Gärten mit Steinböden mag, findet hier nicht nur aufgrund der Abgeschiedenheit des Parks Entspannung. Die Fläche vermittelt eine herrliche **Aufgeräumtheit und Struktur,** in die man sich hineinsinken lassen kann. Man spürt förmlich, dass das Gehirn sich ob dieses geordneten Anblicks ausruhen kann und die Konzentration wieder auf das Wesentliche ausgerichtet wird.

Für mich!

Sich auf das Wesentliche konzentrieren

Spätestens seit die japanische Ordnungsberaterin Marie Kondo das systematische Aufräumen nähergebracht hat, wird die Wichtigkeit einer **strukturierten Umgebung** für die Psyche des Menschen immer deutlicher. Es befreit und erholt.

Der steinerne Mittelweg des Parks beginnt mit einer abstrakten Skulptur und wird von zwei flachen **Wasserbecken** flankiert, die mit geometrischen Mosaiken ausgestattet sind. Die roten und grünen Muster scheinen sich durch das Zusammenspiel aus Licht und Wasser zu bewegen. Die beiden Becken werden ihrerseits von Grünflächen mit gleichmäßig angepflanzten Bäumen und Blumen umsäumt.

Am Ende des Weges ist ein Springbrunnen unter einem Dach aus Baumkronen platziert, der den Garten in ein beruhigendes Plätschern hüllt. Die hohen Mauern um die Anlage herum verstärken den Schall des Plätscherns auf wunderbare Weise.

An den äußeren Steinwänden befinden sich **zahlreiche Sitzgelegenheiten,** die von lesenden oder sich leise unterhaltenden Menschen genutzt werden. Die Ruhe des Ortes geht auf die Menschen über.

Kabinettsgarten, Alfons-Goppel-Straße, 80539 München

AUSZEIT = AUS DER ZEIT

In einer virtuellen Reise kann bestaunt werden,
wie König Ludwigs II. Traum vom Fliegen umgesetzt wurde.
Der bayerische Märchenkönig wäre sicher auch fasziniert.

Mitten im touristischen Zentrum Münchens, im sogenannten Tal, befindet sich das TimeRide: eine Mischung aus Ausstellung, Virtual Reality Kino und historischem Museum. Eine freundliche Flugbegleitung in entsprechendem Gewand aus der Zeit um das Ende des 19. Jahrhunderts begrüßt einen beim Betreten des Vorraumes.

Der Zeitreisebegleiter Harald führt eine dieser Touren. Ins Auge springen zunächst drei riesige Pfauenwagen an einem Heißluftballon. Harald erklärt, dass Ludwig II. den starken Wunsch hatte, fliegen zu können. Die technischen Gegebenheiten waren jedoch noch nicht so weit.

Für mich!

Entspannt durch die Zeit reisen

Es geht weiter in eine sehr alt wirkende Bibliothek, in der die Lebensgeschichte des Märchenkönigs auf Bildschirmen mit animierten Tintenbildern erklärt wird. Die nostalgische Umgebung bereitet einen schon einmal auf den Zeitsprung vor. Nun geht es darum, den geheimen Ausgang aus der Bibliothek zu finden, um die eigentliche Reise anzutreten.

Dann wird es spannend. Man betritt einen Flur mit zwei Sitzreihen und erhält eine Virtual-Reality-Brille. Nach einer kleinen Einweisung startet der simulierte Flug. 7000 Jahre Menschheitsgeschichte in etwa 20 Minuten. Ein virtueller Pilot fährt den Pfauenwagen und kommentiert die Zeitreise. Angefangen bei der Zugspitze, über verschiedene bayerische Städte wie Bamberg, Nürnberg und Augsburg, wird natürlich auch München zur Zeit des ersten Oktoberfestes „überflogen". Dazu wird eine extra für diese Reise komponierte Orchestermusik eingespielt, die das Herz berührt.

Es ist faszinierend, denn die virtuelle Brille sorgt dafür, dass man von der Kulisse komplett umrahmt ist. Sich mit der Flugroute leicht mitbewegende Sitze sowie Fahrtwind runden das Erlebnis ab.

Diese Zeitreise katapultiert einen im wahrsten Sinne des Wortes in eine Auszeit.

TimeRide, Tal 21, 80331 München,
Tel. (0 89) 26 01 01 16, www.timeride.de

RUNDE UM DAS WINDRAD

Am frühen Morgen einen Ex-Müllberg erklimmen, die Bewegungen des Windrads spüren und über die langsam aufwachende Stadt blicken.

Das erste Windrad Münchens steht auf dem 75 Meter hohen **Fröttmaninger Berg.** Mit seiner Gesamthöhe von 100 Metern sind die Windverhältnisse auf der Anhöhe wesentlich günstiger als sonst irgendwo in der Stadt. Bis in die 1980er-Jahre wurde hier der Münchener Müll nach und nach aufgetürmt. Heute ist auf dem begrünten Hügel nichts mehr von dem damaligen Schutt zu sehen. Das riesige Rad thront mit seiner Windkraft auf der Spitze des Berges.

Das Gefühl, direkt unter dem **Windrad** zu sitzen, ist schwer beschreibbar. Es ist weniger das Geräusch oder der Windzug der großen Rotorblätter, sondern man fühlt fast ein inneres Vibrieren.

Für mich!

Unter Rotorblättern den Blick genießen

Der Anstieg ist in jedem Falle etwas steil, aber oben angekommen wird man mit einem atemberaubenden **360-Grad-Blick** belohnt. Vor allem bei Sonnenauf- und -untergang ist die Kulisse der Stadt und der gigantischen Allianz Arena fesselnd. Im Winter dient die Anhöhe gern als Rodelberg.

Ganz in der Nähe befindet sich auch die älteste Kirche Münchens: die Heilig-Kreuz-Kirche. Nicht zu verwechseln mit der 150 Meter entfernten **Installation „Versunkenes Dorf"** des Künstlers Timm Ulrichs. Eine maßstabsgetreue Nachbildung der romanischen Kirche wurde sozusagen versinkend in den Fröttmaninger Berg gesetzt. Aufmerksam machen soll das Werk auf das damalige Verschwinden der Siedlung Fröttmaning unter dem Müllberg. Ein Dorf, das urkundlich im Jahre 815 ersterwähnt wurde, war einer Wüstung zum Opfer gefallen. Dass ein Ort durch Naturkatastrophen zerstört wird, ist kein Einzelfall, aber dass dies aufgrund einer Mülldeponie geschieht, ist schon bezeichnend. Allein die Kirche wurde damals aufgrund des Engagements einiger Bürger erhalten.

Man kann den Besuch des Aussichtsberges und des Versunkenen Dorfes mit einem Spaziergang zur fußläufig erreichbaren Isar oder einem Badeaufenthalt am Poschinger Weiher verbinden.

Windrad am Fröttmaninger Müllberg, Freisinger Landstraße, 80939 München, www.swm.de

SONNIGE ZEIT IM GRÜNEN

Im denkmalgeschützten Schlosspark etwas außerhalb der Stadt verweilen und sich über den Lauf der Sonne und der eigenen Ziele bewusst werden.

Nordöstlich von München liegt **Schloss Ismaning** mit seiner imposanten Parkanlage. Das barocke Schlossgebäude ist der heutige Sitz des Gemeinderathauses. Das Areal steht unter Denkmalschutz und bietet gemütliche Winkel, in denen man es sich auf Bänken bequem machen kann. Im Hintergrund ist das Plätschern des aus der Isar entspringenden Seebachs zu vernehmen. Vor dem Schlossmuseum gibt es zwei schön angelegte Möglichkeiten für einen Auszeitmoment.

Ein **Heckenlabyrinth aus Hainbuchen** lädt zu einem Durchgang ein. Die geometrisch zugeschnittenen Pflanzenskulpturen sollen an die verschwundene barocke Gestaltung des Schlossparks erinnern. Dort kann man sich freiwillig ein wenig auf das Ungewisse einlassen und der Unüberschaubarkeit aussetzen. Das Ziel ist noch nicht zu sehen und man konzentriert sich somit vermehrt auf den Weg selbst. Im sogenannten keltischen Baumhoroskop soll die Hainbuche angeblich **Zuversicht und Beharrlichkeit** ausstrahlen. Vielleicht kann das als Ansporn gesehen werden, die Hoffnung nicht aufzugeben, an sein Ziel zu gelangen.

Für mich!

Zwischen Hainbuchen und Sonnenstrahlen schlendern

Direkt in den Boden eingelassen ist eine „lebendige" **Sonnenuhr.** Wie durch ein eingraviertes Fußpaar verdeutlicht, stellt man sich auf die Datumsskala zur Markierung des aktuellen Monats. Der eigene Schatten zeigt dann auf Stundensteine und kennzeichnet die aktuelle Ortszeit. Wenn die Sonne am höchsten Punkt ihrer Bahn genau im Süden steht, zeigt die 12-Uhr-Position exakt nach Norden. Im Grunde hat dadurch jeder Ort seine eigene Zeit.

Eine Sonnenuhr macht deutlich, dass nicht nur jeder Ort eine andere Zeit misst, sondern auch jeder Mensch ein individuelles Zeitempfinden besitzt. Die Zeit lässt sich zwar objektiv weder verkürzen noch verlängern, das subjektive Gefühl für einen Zeitraum kann jedoch sehr wohl durch das Niveau der Aufmerksamkeit beeinflusst werden.

Schlosspark Ismaning, Schlossstraße 1, 82737 Ismaning

GARTEN VOLLER SYMBOLE

In einem japanischen Garten kann man sich viel Zeit nehmen, um über die Hintergründe der dort enthaltenen Elemente und Designs zu grübeln. Hier wurde nämlich nichts dem Zufall überlassen.

Ein Garten soll stets eine **Oase der Ruhe und Entspannung** verkörpern. Hier verlangt die Tradition sehr genaue Vorgaben, welche Elemente darin enthalten sein müssen, um die Harmonie mit der Umgebung perfekt aufrechtzuerhalten. Die japanischen Gärten sind oft **asymmetrisch** und mit unebenen Wegen geplant, was dem westlichen Sinn von Struktur und Anordnung womöglich widersprechen würde. Der Hintergrund ist, dass der Besuchende den Garten langsam und bedächtig durchschreiten und von jeder Perspektive einen anderen Eindruck der Anlage bekommen soll. **Bambus** ist sowohl biegsam als auch standfest und steht für die unterschiedlichen Generationen. **Kirschblüten** symbolisieren die Vergänglichkeit. Verschiedene Steine werden als Tiere in die Natur eingebunden. Im Gegensatz zu einem Zen-Garten gibt es dort viele Grünflächen. Noch weitere Elemente lassen Raum für Interpretationen.

Für mich!

Wasser und Pflanzen auf sich wirken lassen

Der japanische Garten Yuko Nihon Teien an der Loisachbrücke in Wolfratshausen war ein Geschenk der Partnerstadt Iruma zum 1000-jährigen Bestehen des Ortes. Im Jahre 2003 wurde er eingeweiht und seither von einem Verein nach japanischen Vorgaben gepflegt. Als Zeichen der Freundschaft symbolisiert der Garten einen **ewigen Wasserkreislauf,** der die Verbundenheit der beiden Städte über Generationen hinweg ausdrücken soll.

Die kleine Anlage ist während eines Aufenthalts im schönen Wolfratshausen perfekt für eine **Verschnaufpause am Mittag.** Etwa 35 Kilometer südlich von München starten in dem Ort viele Floßfahrten auf der Loisach und münden in die Isar Richtung bayerischer Hauptstadt. Ein kleiner Ableger davon, der Mühlbach, dient dem japanischen Garten als Wasserelement. Die entspannenden Geräusche des Wassers ziehen die Aufmerksamkeit auf sich. Ganz für sich kann man dort die Blüten der Bäume und die Anordnung der Pflanzen auf sich wirken lassen. Abends leuchten zusätzlich die Lampions und verbreiten eine romantische Stimmung.

Japanischer Garten der Freundschaft, Johannisplatz, 82515 Wolfratshausen, www.pv-iruma-wolfratshausen.com

MIT ALPAKAS IM RUHEMODUS

Im Gleichschritt durch den Wald – meist im Schlendermodus. Bei einer Alpaka- und Lamawanderung geht es um ein Umdenken unserer alltäglichen, zu Hektik führenden Muster.

Auf dem **Pointnerhof,** etwa 35 Kilometer östlich von München, hält Christine Pointner mit ihrer Familie mehrere Alpakas und Lamas. Koordinatorin Daniela Schürger kümmert sich um das Erlebnisprogramm mit den Tieren, das vorrangig auf Erwachsene ausgerichtet ist.

Die flauschigen **Vierbeiner mit den großen Kulleraugen** und dem Grinsen auf den Lippen wirken unglaublich faszinierend und beruhigend auf den Menschen. Doch ein Erlebnis besteht nicht aus Kuschel- und Streicheleinheiten, obwohl das flauschige Fell dazu einladen würde.

Eigentlich sind die Distanztiere **eher scheu** und nicht an Körperkontakt gewöhnt. Mit Stress können sie nur schwer umgehen und genau das wirkt so entschleunigend: Der Mensch ist in ihrer Gegenwart angehalten, sich selbst zu beruhigen, da die Tiere jedwede Hektik sofort spiegeln und auf Abstand gehen. Nichtsdestotrotz sind sie immer sehr **neugierig** und schauen erst einmal genau, wer sich ihnen nähert.

Für mich!

Durch Resonanz zu Gelassenheit finden

Auf einer Wanderung, wie dem Waldbaden oder der Glühweintour, zeigt sich der unterschiedliche Charakter der Tiere. Einige sind recht genügsam und in langsamem Tempo unterwegs. Andere möchten unbedingt an der Spitze des Trupps stehen und die Gruppe anführen. Das Gefühl für die Mischung aus Bestimmtheit, Freiheit und Ruhe bei der Führung wird deutlicher: Es ist ein ständiges In-Resonanz-Gehen mit dem Verhalten der Tiere. Das Entspannende am Spaziergang ist auch, dass sie sich ganz leise fortbewegen. Ihre **Schritte sind sanft** und ihre Laute sind zaghaft.

Viele Menschen entdecken dabei ihre Zuneigung zu ihrem tierischen Begleiter und übernehmen eine Patenschaft am Pointnerhof. Man fühlt sich nach dem Kontakt mit den Tieren auf alle Fälle viel gelassener und verbundener! Wer noch mehr von dem flauschigen Fell haben möchte, kann sich im Hofladen der Pointners umsehen. Dort gibt es Schuheinlagen oder Bettdecken aus dem geschorenen Alpaka- und Lamafell zu kaufen.

Pointnerhof, Kronacker 15, 85664 Hohenlinden, Tel. (0 81 24) 4 43 61 79, www.alpakawanderung.de

EINKAUFSERLEBNIS

Märkte gibt es bereits seit der Antike. Bis heute üben sie eine besondere Faszination aus. Umgeben von bunten Ständen und feinsten Gerüchen, lassen sich hervorragende Delikatessen erstehen.

Der Viktualienmarkt im Münchener Zentrum ist weltweit bekannt. Nicht nur am Wochenende testen zahlreiche Menschen die Schmankerl der Marktbuden. Aufgrund seiner Bekanntheit ist aber immer viel los. Eine gemütlichere Alternative zum Schlendern findet sich am **Elisabethmarkt in Schwabing.** Im Jahr 1903 wurde er am Elisabethplatz ins Leben gerufen – benannt ist er wie die Elisabethstraße nach der österreichischen Kaiserin Sisi.

Neben den frischen Lebensmitteln und der exquisiten Feinkost verwöhnt der Markt mit seinen **22 Buden** kulinarisch zu jeder Tageszeit. Ob morgens ein Kaffee mit Croissant oder mittags ein Falafel-Wrap mit kalter Limonade. Für zwischendurch ein Crêpe, Stückchen Käse oder Eis. Auf kleinen Sitzgelegenheiten kann man seine **Köstlichkeiten** in Ruhe zu sich nehmen und dem munteren Treiben auf dem Marktplatz zuschauen. Das Faszinierende an einem Markt ist, dass das **Einkaufen** kein reines Abarbeiten einer Liste ist, sondern ein richtiges Erlebnis. Das Nützliche wird mit dem Schönen verbunden und man lässt sich Zeit mit der Auswahl. Wahrscheinlich werden auch häufiger sogenannte Zufallseinkäufe getätigt, weil man aufmerksamer hinschaut als in der bekannten Sortimentsreihenfolge eines Supermarktes. Gerade über diese sorgsam ausgewählten Schmankerl freut man sich aber besonders. Auch ein nettes **Gespräch am Verkaufsstand** über das Wesentliche hinaus ist meistens mit dabei.

Seit einiger Zeit wird der Elisabethmarkt umgebaut und ist vorübergehend in die Nebenstraße gezogen. Im Jahr 2024 soll er in neuem Design, aber mit altem Charme wieder an alter Stelle sein. Ein wenig traurig ist es schon, dass die Marktbuden von damals nicht mehr genauso stehen, aber die Stadt wird sicher alles dafür tun, das traditionelle Flair mit einzubringen. Von lauschigen Dachterrassen soll ebenfalls die Rede sein. Man darf gespannt sein.

Für mich!
Kaufen, reden und essen

Elisabethmarkt, Elisabethplatz, 80796 München

IM SCHILDKRÖTENTEMPO

Wer eine Tour durch den Dschungel oder die mexikanische Steppe machen möchte, benötigt nicht unbedingt ein Flugticket, sondern eine Eintrittskarte in den größten Münchener Garten.

Ein Besuch des fast 120 Jahre alten Botanischen Gartens lohnt sich bei jedem Wetter, denn neben den Außenanlagen gibt es auf der über 21 Hektar großen Fläche mehrere Gewächshäuser, in denen es sich bei kalten Temperaturen gut aushalten lässt.

Die bunte Pflanzenwelt mit etwa 16.000 Arten wird mit informativen Schildern und QR-Codes für Audioerklärungen vorgestellt. Bunte Farben und Formen, so weit das Auge reicht. Bei speziellen Führungen wie der Vogelstimmenexkursion darf man sich vor allem auf die auditiven Eindrücke einlassen. Der Duft der diversen Vielfalt ist unvergleichlich. Überall plätschert Wasser oder herrscht grillenhaftes Zirpen.

Für mich!
Über exotische Flora und Fauna freuen

Wenig blühende, aber gigantisch große Pflanzen bilden die Kulisse des Palmenhauses. Unter diesem sattgrünen Blätterdach spazierend, bekommt man einen guten Eindruck von der Mächtigkeit tropischer Regenwälder.

Im feuchtwarmen Klima des Orchideenhauses wartet eine Überraschung am Teich. Hier tummeln sich zahlreiche Schildkröten schwimmend und tauchend, sich sonnend oder miteinander rangelnd auf Steinen. Ein Exemplar zieht besondere Aufmerksamkeit auf sich. An einem dicht über Wasser hängenden Ast versucht sie, sich vom Wasser aus nach oben zu stemmen. Kurz vor dem Ziel fällt sie rücklings zurück ins Nass. Man ertappt sich dabei mitzufiebern, als sie einen neuen Versuch wagt – und wieder scheitert. Beim sechsten Versuch dann der Erfolg und alle umstehenden menschlichen Kreaturen atmen auf.

Unglaublich, dass hierbei 20 Minuten vergangen sind. Wie oft kann ein einfaches Ereignis einen so in den Bann ziehen? Einerseits sind es wahrscheinlich die langsamen Bewegungen der Tiere, andererseits auch deren Beharrlichkeit. Man fragt sich: „Hätte ich es selbst 20 Minuten lang versucht oder nach zwei Versuchen aufgegeben?" Hier wird die **Kunst des Abwartens** geschult und das Bedürfnis nach Langsamkeit angeregt.

Botanischer Garten München-Nymphenburg, Menzinger Straße 65, 80638 München, www.botmuc.snsb.de

IM ROSENPARADIES

Sich in einem der beliebtesten Themengärten Münchens eine intensive Rosenduftkur als Auszeit gönnen. Aromatherapie vom Feinsten.

Ein unerwartetes Idyll zeigt sich gleich hinter einer Eisenbahnbrücke in Untergiesing-Harlaching: die öffentlichen Themengärten an der Sachsenstraße. Beliebt ist vor allem die älteste der Anlagen: der Rosengarten. Fast verpasst man den Eingang zum Park, doch der Rosenduft und die vielfältige Blütenpracht zeigen einem den richtigen Weg. Mit 200 verschiedenen Rosensorten an 8500 Rosenstöcken ist der Garten ein wahres Duft- und Farbparadies. Unter einem märchenhaft begrünten Torbogen kann man es sich am Bach gemütlich machen. Die Sitzgelegenheiten dort sind kaum zählbar. Das Tolle daran: Mehrere Stühle stehen ganz für sich allein zwischen den Beeten oder in kleinen Nischen. So kann man frei entscheiden, ob man auf einer Bank Platz nimmt und vielleicht einen Plausch mit der Sitznachbarin führen möchte oder ganz für sich ist.

Für mich!
Von Blumen- und Kräuterduft betören lassen

Als würden die Rosen nicht schon für genug Romantik und Märchenstimmung sorgen, bietet der Park noch mehr: Fliederbäume versprühen ein fruchtig-süßes Aroma. Im Duftgarten muss man beinahe darauf achten, durch das betörende Aroma nicht in einen tiefen Tagtraum oder ein Nickerchen zu verfallen. Im Tastgarten befinden sich Gewächse wie der Enzian und Bärlauch in Hochbeeten. Über eine kleine Brücke ist ein interessanter Baumlehrpfad zu erreichen.

Es gibt also für alle Ruhesuchenden, aber auch Pflanzenkundeinteressierten etwas zu erleben. Ein kleiner Bücherkasten sorgt für die nötige Kurzweil beim Lesen. Der Rosengarten bleibt das Highlight.

Rosenöl ist natürlich für die Parfümindustrie von großer Bedeutung. Es werden ihm aber auch entzündungshemmende und bakterizide Wirkungen nachgesagt. Desserts können mit Rosenwasser abgeschmeckt werden und in der Aromatherapie wird Rosenduft aufgrund seiner entspannenden Wirkung eingesetzt. Das kann in Form von Entspannungsbädern oder Duftlampen für die Raumatmosphäre sein.

Rosengarten, Sachsenstraße 2, 81543 München

OLFAKTORISCHE REISE

Yogafans aufgepasst! Hier können sanfte Yogaübungen einmal mit den Düften ätherischer Öle kombiniert werden und zu einem ganz neuen Erlebnis führen

Man kennt das doch: Sobald sich in einem Café herrlicher Zimtgeruch ausbreitet, denkt man an das Plätzchenbacken in der Kindheit. Sobald das erste Mal im Jahr an der Sonnencreme gerochen wird, denkt man an den letzten Sommerurlaub und hat Sehnsucht nach dem nächsten.

Erreicht ein bestimmter Duft unsere Nase, springen die Rezeptoren im Gehirn an und lassen in uns entsprechende Situationen aufkommen, in denen wir diesen Geruch in der Nase hatten. Blitzschnell findet die Entscheidung darüber statt, ob das Aroma wohltuend oder abschreckend ist.

Düfte sind sehr kraftvoll! Andrea Schwarz, Holistic Coach und Yogalehrerin, hat das erkannt. Sie unterstützt mit ihrem holistischen – das heißt ganzheitlichen – Ansatz durch verschiedene Methoden dabei, Body, Mind und Soul wieder in Einklang zu bringen. In einem ihrer Workshops „Stress reduzieren mit ätherischen Ölen" leitet sie ganz sanfte und regenerative Yogahaltungen an – begleitet von den Aromen ätherischer Öle. Hier geht es nicht um Akrobatik oder Sport, sondern um die Reduzierung des persönlichen Stresslevels: Einfach mal die Muskeln ruhen und passiv in die Länge dehnen lassen.

Für mich!
Mit Düften und Aromen entspannen

Passende Öle gibt es für jede Situation. Sie können während der Yogapraxis äußerlich angewendet werden, zum Beispiel durch einen Tropfen an den Handgelenken. Der Duft von Lavendel lässt Körper, Geist und Seele entspannen. Wildorange wirkt aufmunternd und gleichzeitig regenerierend. Man merkt richtig, wie die Muskeln und die Gedanken während der Übungen noch mehr loslassen können.

Andrea versteht es, die unterschiedlichen Aromen einzusetzen und unterstützt als dōTERRA®-Beraterin dabei, kleine Duftroutinen für mehr Ausgeglichenheit und Stabilität in den Alltag einzubauen. Und sei es nur, in der Mittagspause einmal vom Schreibtisch aufzustehen und sich von einem Tropfen Ylang Ylang in die Entspannung zu schnuppern.

Body. Mind. Soul., Andrea Schwarz, dōTERRA® Wellness Advocate, 80804 München, www.andreaschwarz.de

Immer der Nase nach

Urlaub für die Sinne

DER SCHNELLSTE ALLER SINNE HILFT PARADOXERWEISE BEI DER ENTSPANNUNG

Der **Geruchssinn** steht für die meisten Menschen nicht derart im Vordergrund wie das Sehen und Hören. Bei einer Infektion im Nasennebenhöhlenbereich fällt auf, wie beeinträchtigt man eigentlich ist, wenn der Geruchssinn abhandenkommt.
Der Mensch besitzt insgesamt etwa **25 Millionen Riechzellen.** Es können sehr viele Gerüche unterschieden, aber meist nicht benannt werden. Obwohl es verschiedene Modelle über die Bezeichnungen der Gerüche gibt, die man wahrnehmen kann, lassen sie sich aufgrund der Komplexität wissenschaftlich schwer überprüfen.

Geruch des Partners:
Hinter der Aussage „Dich kann ich gut riechen" steckt ein ausgeklügeltes biologisches Auswahlsystem. Auch wenn man ihn selbst nicht wahrnimmt,

hat jeder Mensch einen **Eigengeruch** – ganz unabhängig von dem Geruch starken Schweißes. Der Eigengeruch trägt erhebliche Informationen über das Genmaterial in sich. Sobald man einen Menschen schlecht riechen kann, deutet das auf ein ähnliches Genmaterial hin, was für eine potenzielle Fortpflanzung ungeeignet wäre.

Geruch und Erinnerungen:

Mit diesem schnellsten aller Sinne muss ein Geruch nicht erst ausführlich verarbeitet werden, sondern gelangt auf direktem Weg in das **limbische System des Gehirns.** Interessanterweise ist dieser Bereich auch für Erinnerungen und Emotionen zuständig. Das funktioniert auf angenehme, aber auch auf unangenehme Weise. Der Geruch von Sonnencreme lässt einen daran erinnern, wie man letzten Sommer am Sandstrand lag und den Urlaub genießen durfte. Auch eine starke Abneigung – manchmal lebenslang – kann als Schutzreflex entstehen, wenn man Übelkeit durch ein bestimmtes Gericht bekam und man irgendwann einmal wieder den Geruch davon in der Nase hat.

Geruch trainieren:

Wenn Babys geboren werden, ist der **Geruchssinn bereits perfekt ausgeprägt.** Ab einem Alter von 40 lässt er allmählich wieder nach. Es gibt aber Menschen, die besser riechen können als andere. Der Geruchssinn lässt sich auch explizit trainieren, indem man bewusster an Lebensmitteln, Kräutern oder Blumen riecht und diese Nuancen beschreibt. Dadurch werden mehr Informationen abgespeichert und können feiner von anderen Eindrücken differenziert werden. Statt den Geruch einer Rosine als Rosine zu bezeichnen, kann beispielsweise geübt werden, vielfältigere Geruchsanteile zu benennen, die eine Rosine haben kann: erdig, fruchtig, muffig.

Mit diesem Wissen können wir ganz bewusst unsere **Entspannungsfähigkeit positiv beeinflussen.** Vor allem im Homeoffice gelingt es häufig nicht, nach Feierabend so richtig abzuschalten, da es keinen Heimweg und manchmal keinen Raumwechsel gibt. So kann es beim Abschalten helfen, einen als angenehm empfundenen Duft als Kerze anzuzünden. Sandelholz wirkt beispielsweise entspannend und stimmungsaufhellend zugleich. Oder man macht noch einen kurzen Spaziergang durch den Wald mit dem Geruch von Baumharz und feuchtem Gras in der Nase. Die Verbindung, die man mit Gerüchen hat, ist individuell, daher sollte man vor dem Kauf von Duftölen diese ausprobiert haben.

INS SCHWÄRMEN KOMMEN

Den Alltag eines Imkermeisters in der Stadt kennenlernen und sich von dem angenehmen Summen der Bienen hypnotisieren lassen.

Wenn man die Imkerei SizzerBees von Eddie Obika, Imkermeister aus München, betritt, befindet man sich mitten im Landschaftsschutzgebiet des Feldmochinger Sees. Man kann richtig neidisch auf die Bienen werden, in welcher Oase sie leben und fleißig sein dürfen.

Eddie ist eigentlich IT-Spezialist und DJ. Seine Arbeit besteht entweder daraus, lange Zeit im Büro zu sitzen oder in lauter Umgebung Musik aufzulegen. Die SizzerBees geben Ausgleich: Man ist häufig an der frischen Luft und die Naturgeräusche entspannen total. Ob man nun 30 Minuten oder 3 Stunden mit den Bienen beschäftigt ist, merkt man gar nicht.

Für mich!

Eintauchen in die Welt der Bienen

Neben der Honigherstellung unter ökologischen Richtlinien ist Eddie das Tierwohl seiner Mädels, wie er die Bienen liebevoll nennt, sehr wichtig. Er ist überzeugt, dass der Umgang mit den Bienen die Qualität des Honigs unmittelbar beeinflusst. Es werden auch Führungen in der Erlebnisimkerei angeboten, um das Leben mit Bienen kennenzulernen. Eine Honigverkostung darf natürlich nicht fehlen und man kann die Produkte im Hofladen erwerben.

Auch mitten in der Stadt finden die Bienen viele Bezugsquellen. Sie sind sogar in der Lage, Feinstaub und andere Schadstoffe herauszufiltern, sodass der Stadthonig daher keinerlei Nachteile hat. Mit ihrem Schwänzeltanz teilen sie den Kolleginnen mit, wo und wie weit die Futterquelle entfernt ist – ein ausgeklügeltes System, das nur in Zusammenarbeit funktioniert.

In Zukunft soll es auch eine Apitherapie bei SizzerBees geben. Gemütlich auf einem Liegestuhl sitzend, atmet man dabei für einen gewissen Zeitraum die Stockluft der Bienen ein. Somit können diverse Allergien und damit einhergehende Beschwerden verbessert werden.

Wer sich eingehender mit dem Thema beschäftigen möchte, kann auch in Eddies Podcast „Drohnenschlacht" hineinhören, in dem er monatlich Tipps für Imkereien und Bienenfreunde gibt.

Imkerei SizzerBees, Karlsfelder Straße 58, 80995 München, Tel. (0 89) 3 14 20 08, www.sizzerbees.com

FERNE GALAXIEN

Sich auf lehrreiche und leidenschaftliche Weise in die Tiefen des Weltalls begeben. Sterne schauen einmal anders!

Nach Feierabend kurz ein Spaziergang ins All? Die Volkssternwarte in München macht es möglich. Von Montag bis Freitag findet hier jeden Abend die Führung **Münchner Sternstunden** statt. Die verschiedenen Stationen lassen einen in ferne Galaxien eintauchen und den Alltag vergessen.

Im Ausstellungsraum werden zunächst die **Planeten** in ihrem Größenverhältnis zur Sonne dargestellt. „Mein Vater erklärt mir jeden Samstag unseren Nachthimmel" heißen die Worte, mit deren Anfangsbuchstaben man sich die Anordnung der Planeten merken kann: Merkur, Venus, Erde, Mars, Jupiter, Saturn, Uranus, Neptun. Neben dieser kleinen Anekdote aus Kindheitstagen wird erläutert, wie Saturn seinen äußeren Ring erhalten hat, wo die Milchstraße ist und wie eine Sternschnuppe entsteht.

Für mich!
In die Weiten des Alls blicken

Ein weiteres Highlight der Führung ist die „Insel der Glückseligen". Liebevoll wird so das **Planetarium** genannt. Das Tolle daran: Bei jedem Wetter kann der funkelnde Münchner Himmel beobachtet werden, denn es handelt sich um eine Projektion der Sternenanordnung. Untermalt mit emotionaler Musik blickt man im Dunkeln gen Decke und ist umringt von einer sagenhaften Sternenkulisse. Insgesamt können **6000 Sterne** mit dem bloßen Auge am Himmel wahrgenommen werden.

Zuletzt geht es noch hinauf aufs Dach der Sternwarte. Auf 35 Meter Höhe stehen die majestätischen **Fernrohre.** Darunter ist auch ein 80-Zentimeter-Spiegelteleskop, mit dem bei klarer Sicht Abertausende und Millionen Lichtjahre ins All geblickt werden kann. Spielt das Wetter einmal nicht mit, kann der Blick ins All – bei absehbar schönem Wetter – nachgeholt werden. Auffallend ist die große Leidenschaft der ehrenamtlichen Vereinsmitglieder, die durch den Abend begleiten. Sie freuen sich immer über Fragen und lassen dann an ihrem breiten Weltallwissen und allen astrophysikalischen Zusammenhängen teilhaben. Für Jung und Alt eine Bereicherung!

Bayerische Volkssternwarte München, Rosenheimer Straße 145 h, 81671 München, Tel. (0 89) 40 62 39, www.sternwarte-muenchen.de

VENEZIANISCHES FLAIR

**Naherholung für Mensch, Tier und Pflanze.
Klingt nicht zu schön, um wahr zu sein, denn genau
das ist auf der Panzerwiese möglich.**

Wer das Wort **Panzerwiese** hört, denkt wahrscheinlich nicht sofort an einen Ort der Ruhe und Auszeit. So aber heißt ein 200 Hektar großes Naturschutzgebiet im Norden Münchens, dessen Name sich aus der früheren militärischen Nutzung erklärt. Die freie Fläche bietet, was sonst in der Stadt nur selten möglich ist: einen unverbauten Blick in den Himmel. Der Spaziergang beginnt südwestlich an der U-Bahn-Haltestelle Dülferstraße. Am Übergang zur Panzerwiese verleitet einen der erste Eindruck zu der Annahme, womöglich in **Venedig** angekommen zu sein: eine stattliche **Löwen-Statue,** ein etwa 50 Meter langer **Holzsteg,** der am Ende durch zwei venezianisch bemalte Stegpfosten gesäumt in die Weite führt. Eine **metallene Gondel** im Rasenmeer und eine etwas schief stehende, romantisch wirkende Straßenlaterne. Das Projekt stammt von dem Künstler Georg Schweitzer.

Für mich!

**Im Naturschutz-
gebiet Tiere
treffen**

Stets auf den Wegen bleibend ist im Osten bald eine Ansammlung von windschiefen Kiefern zu erkennen. Dort grasen ab dem Frühsommer auch gerne einmal Schafe munter vor sich hin. Kaninchen und Rebhühner sind nicht selten anzutreffen. 180 verschiedene, teilweise bedrohte Pflanzenarten sind auf der Wiese bekannt – ein **Paradies für Falter und Bienen.**
Schilder weisen auf das Naturschutzgebiet und die damit erbetene Umsicht hin. Allein im angrenzenden Waldgebiet Hartelholz sollen 35 Tierarten beheimatet sein, die auf der Roten Liste stehen. Einige Bänke am Waldrand laden zum Verweilen in der Sonne ein. Zu sehen sind in der Ferne die Häuserreihen der städtischen Grenze und die Bundesstraße. Auf der Nordseite die Allianz Arena. Von dort aus wehen die Geräusche aber nur ganz dumpf herüber. Bis auf ein paar Spaziergänger und Jogger sind **nicht viele Menschen** hier. Vielleicht, weil auf der Wiese weder Spielplätze noch Fitnessanlagen oder Kioskstände geboten werden. Nur das, was man für eine Auszeit benötigt: Ruhe.

Panzerwiese und Gondel aus Metall, Graslilienanger 20, 80937 München

WELTREISE IM WALD

Bachbegleitende Wiesen, reizvolle Lichtungen und blütenreiche Waldränder aus fernen Ländern im bayerischen Landesarboretum.

An einem Tag durch die Wälder verschiedener Kontinente wandern. Das erlebt man im **Kranzberger Forst** bei Freising. Auf rund 100 Hektar erhebt sich eine **Sammlung von Bäumen aus aller Welt.** Die Pfade für Nordamerika Ost, Nordamerika West, Europa und Vorderasien, Mittel- und Ostasien sind farblich markiert. Außerdem kann man sich die Weltwald-App herunterladen und nach bestimmten Bäumen suchen.

Wenn man in einem anderen Land Urlaub macht, fällt neben den visuellen Eindrücken immer auch der andersartige Geruch der **Vegetation** auf. Je nach klimatischen Bedingungen wachsen natürlich unterschiedliche Baumarten, die sich dort wohlfühlen und gute Voraussetzungen haben. Auf dem Amerikapfad darf man in das **Flair der Rocky Mountains** eintauchen und betritt ein Tipi-Dorf, welches von Ponderosa-Kiefern und Colorado-Tannen umgeben ist. Der Garten im asiatischen Waldteil symbolisiert mit seinen Gewässern den harmonischen Fluss der Lebensenergie. Dort sind Gewächse wie der **Umweltmammutbaum,** die Sicheltanne oder die japanische Schirmtanne anzutreffen. Wie eine Burgfestung erstreckt sich im europäischen Waldteil eine Mauer aus Stechpalmen auf einer Anhöhe. Zudem leistet der Forst einen erheblichen Anteil für den **Klimaschutz.** Allein 1 Hektar filtert jährlich 50 Tonnen Staub aus der Luft und bildet etwa 100.000 Kubikmeter Grundwasser.

Entspannende Sitzgelegenheiten, auf denen man ausruhen, tief durchatmen oder die ausgestellten **Kunstskulpturen** des Waldes betrachten kann, gibt es auf jedem Pfad. Der Duft des Waldes und das Aroma der vielfältigen Gewächse lassen einen träumen: von der Kirschblütenpracht in einem japanischen Park, die einen etwas an Schneeflocken erinnert. Von dem heimischen Fichtennadelgeruch, den man mit der Vorweihnachtszeit verbindet. Und vom nordamerikanischen Indian Summer mit seiner romantischen Herbstlaubverfärbung.

Für mich!
Über die vielfältige Vegetation freuen

Weltwald Freising, St2084, 85354 Freising, www.weltwald.de

DEN FOKUS HALTEN

**Um achtsamer zu werden,
muss man nicht die ganze Zeit still sitzen.
Was für eine Erleichterung, das zu hören!**

Im Hier und Jetzt sein – leichter gesagt als getan! Natürlich ist man im Hier und Jetzt … im Bus … auf der Couch … in der Arbeit. Aber ist man sich dessen genau in diesem Moment bewusst? Nicht immer. Heutzutage befindet man sich mit der **Aufmerksamkeit oft bei Vergangenem.** Gedanken über den letzten Urlaub und das letzte Konfliktgespräch mit dem Chef. Oder man plant ununterbrochen Zukünftiges. Beispielsweise, wie man im nächsten Meeting performen soll und welche Serie man heute Abend schauen wird. Das ist natürlich auch wichtig, aber viel zu selten ist man **gedanklich** ganz **in der Gegenwart:** Bei diesem Atemzug, bei diesem Lächeln, bei dem Sonnenstrahl, der sich gerade durch das Fenster auf dem Boden abzeichnet.

Für mich!

Sich auf
den Moment
konzentrieren

Wie also achtsamer werden? Sabine Willmann, Meditations- und Yogalehrerin, zeigt, dass es ganz unterschiedliche Herangehensweisen an solch eine achtsame Haltung gibt. In ihrem **Studio Santoşa,** was übrigens „Zufriedenheit" heißt, lehrt sie, immer wieder im Moment zu sein!

In der **Atembeobachtung** richtet man die Aufmerksamkeit zum Beispiel auf das Heben und Senken des Brustkorbes und den leichten Windhauch zwischen Nase und Oberlippe. Sonst nichts. Es klingt banal und ist doch so schwierig. Die Gedanken driften immer wieder zu interessanteren Dingen als dem Atem ab. „Macht nichts", sagt Sabine. Ablenkungen sind normal und der Versuch besteht einfach immer wieder darin, den Fokus zurück auf den Atem zu richten. Irgendwann gelingt das mehr und mehr.

Besonders schön ist die **Gehmeditation,** in der man während der Bewegung verstärkt auf das Abrollen der Fußsohlen achtet und die Wärme des Fußbodens spürt. Das muss noch nicht einmal sehr lange sein, einige Minuten Übung pro Tag haben bereits weitreichende Auswirkungen auf unser Leben: Die Zeit kommt einem länger vor, die Signale des Körpers werden wieder besser verstanden und die Zufriedenheit wächst.

Santoşa Yoga, Sabine Willmann, Tegernseer Landstraße 98,
81539 München, www.santosayoga.de

Im Hier und Jetzt

Fühl doch mal!

WIE ACHTSAMKEITSMEDITATION DAS GEHIRN STRUKTURELL VERÄNDERN KANN

Die Ausübung von **Achtsamkeitsmeditation** bringt tiefgreifende positive Veränderungen mit sich. Diese Wirkungen gehen über das reine Entspannungsgefühl hinaus. Durch die Magnetresonanztomographie (MRT) ist zum Beispiel festzustellen, dass das Gehirn von Meditierenden eine höhere Dichte in den Arealen für Angststeuerung, Lern- und Gedächtnisprozesse, Selbstwahrnehmung und Stressempfinden zeigt. Also worauf warten?

Übung Atemmeditation:
Setze dich mit geschlossenen Augen oder gesenktem Blick in eine bequeme Position. Deine **Aufmerksamkeit** richtest du jetzt **auf den Atem** – überall dorthin, wo du ihn gut spürst: das Heben und Senken des Brustkorbs und Bauches, den zarten Windhauch zwischen Oberlippe und Nase, das kühle Gefühl der Einatmung im Hals. Und dann bleibe mit dem Fokus bei diesen

Feststellungen. Ohne etwas an der Atmung zu verändern – nur um zu beobachten. Wenn die Gedanken abschweifen, macht das nichts. Das ist menschlich. Sobald es dir auffällt, achte wieder auf den Atem!

Natürlich bringt diese **Beobachtung des Atems** nach einer Weile ein wenig Ungeduld oder Langeweile mit sich. Es passiert ja nicht sonderlich viel. Die Erklärung dazu ist, dass Achtsamkeit nicht immer nur spannend oder angenehm ist. Sie ist eine Haltung, alles wahrzunehmen, was gerade passiert: auch die Langeweile und Ungeduld! Wenn es gelingt, das zu akzeptieren, kann man im Alltag viel besser mit solchen Gefühlen umgehen.

Übung Gehmeditation:

Am besten überlegst du dir einen kurzen Bereich, den du als deine Gehstrecke markierst – das kann die Mattenlänge sein, auf der du stehst oder der Weg von einer Wand zur anderen. Dann starte damit, **in langsamem Tempo** die Strecke abzugehen, umzukehren und wieder zurückzugehen. Achte auf die Temperatur und Beschaffenheit des Bodens. Frage dich, welcher Bereich des Fußes als Erstes den Boden berührt bei jedem Schritt. Sind überhaupt alle Zehen gleichermaßen an der Bewegung beteiligt? Sind die Schritte auch in der Muskulatur des Rückens nachvollziehbar?

Das **Gehen ist** so gut wie immer **zweckorientiert**. Man macht es nicht einfach aus Spaß, sondern um von A nach B zu kommen oder beim Telefonieren und Lernen besser nachdenken zu können. Dadurch, dass es eine so routinierte Angelegenheit ist, die man verlangsamt und aufmerksamer durchführt, lässt sich einiges feststellen: die eigene Balancefähigkeit, die Fußstellung (viele Rückenschmerzen kommen durch eine Fehlstellung der Füße), den Einsatz der Muskulatur bei jedem Schritt. Die **Gehmeditation** kann genauso auf Körper und Psyche wirken wie eine Übung im stillen Sitzen.

Achtsamkeit lässt sich auch wunderbar im Arbeitskontext einbauen. Immer wieder ist jedoch zu hören, dass Seminare aus den falschen Gründen von Unternehmen für deren Mitarbeitende angeboten werden: um das Arbeitspensum zu steigern. Doch es sollte nicht darum gehen, die Achtsamkeitspraxis dafür auszunutzen. Achtsamkeit ist kein Wettbewerb. Achtsamkeit verlangt überhaupt nichts. Achtsamkeit ist das aktive Nicht-tun und einfach nur Sein-dürfen.

IM GARTEN EDEN

Der eigene Garten steht für ein ganz persönliches Stück Natur zu Hause. In einem Probegarten in München dürfen die Ideen zur Gestaltung wachsen.

Wer das Glück hat, eine Grünanlage zu besitzen, möchte sie natürlich zu einer erholsamen Ruheoase verwandeln. Das richtige Gartendesign zu finden, ist gar nicht so einfach. Inspirieren lassen kann man sich im Stadtteil Allach-Untermenzing, denn dort befindet sich der **Erlebnisgarten Schleitzer** auf einer Fläche von 8000 Quadratmetern. Über diesen Marktplatz kann man gemütlich flanieren und sich einen Überblick über innovative Gartenideen verschaffen.

Es ist aber keine reine Ausstellung von Garteninstallationen. Das von Familie Jehle geführte Unternehmen stellt das Erleben explizit in den Vordergrund. Das bedeutet, dass der **Naturschwimmteich** zum Probebaden genutzt werden darf, den Wasser- und Klangspielen gelauscht werden soll und den Hühnern beim Picken zugeschaut werden kann.

Für mich!
Dem Wasserspiel lauschen und Tiere beobachten

Ja, es gibt Tiere im Erlebnisgarten. Die **Zwergseidenhühner** leben seit 2012 dort und können beispielsweise auch in einem kleinen Reihenhausgarten gehalten werden. Das Krähen des Hahns ist wesentlich leiser als bei einem gewöhnlichen Gockel – ganz im Gegensatz zu den beiden Papageien Elmar und Klara, die man über das ganze Areal rufen hört. Einen Besuch stattet man ihnen aber gerne ab. Ein besonderes Element ist der **Koi-Teich.** Dort könnte man es stundenlang aushalten. Das Betrachten der kräuselnden Bewegungen im Wasser lässt den Puls sinken und den Atem ganz gleichmäßig werden.

Aus der Beobachtung von Tieren ist auch die Idee des Erlebnisgartens entstanden. Eines Tages saß eine Frau regungslos am Teich und schaute mindestens 1 Stunde fasziniert auf das Wasser. Nach einer Weile wurde sie von den Mitarbeitenden gefragt, ob alles in Ordnung sei und sie erklärte, dass sie einer **Libelle** bei der Entpuppung zugeschaut hatte. So ein Schauspiel hätte sie noch nie zuvor gesehen. Nun wird auch klar, warum das Logo des Erlebnisgarten Schleitzer eine Libelle ziert.

Erlebnisgarten Schleitzer, Enterstraße 23, 80999 München,
Tel. (0 89) 8 92 86 50, www.schleitzer.de

WELLNESS IN DER WELLZONE

Sich den Feierabend noch mit einem Spa-Aufenthalt versüßen, bevor es nach Hause geht. Dieses Wellnessvergnügen ist völlig unkompliziert und ohne weite Anfahrt in absoluter Privatsphäre möglich.

Ein Sauna- und Wellnessurlaub kann **tiefgehende Erholung** mit sich bringen. Die Buchung von ein- oder mehrtägigen Spa-Erlebnissen ist jedoch oftmals mit hohen Kosten und weiter Anfahrt verbunden. Regelmäßig lässt es der Terminkalender sowieso nicht zu. Dann fühlt man sich womöglich auch etwas gestört durch weitere Besuchende und bucht gezielt Zeiten, in denen man wenig Publikumsverkehr vermutet.

Immer lässt sich das jedoch nicht vermeiden. Das innerliche genervte Stöhnen ist spürbar, wenn man gerade noch das erholsame Alleinsein im Ruheraum genossen hat, aber im nächsten Moment die Türe aufgeht und eine weitere Person hinzukommt. Das muss gar nicht immer etwas mit Schamgefühl zu tun haben, sondern mit der Sehnsucht nach Stille und **Rückzug aus dem Alltag.**

Für mich!
Allein das Spa genießen

Das Team von MySpa hat die tolle Idee, eigene „Wellzones" in München zu vermieten. Hier wird ein **Wellnesserlebnis in absoluter Privatsphäre** garantiert. In drei unterschiedlichen Kategorien hat man die Qual der Wahl an Entspannungsmöglichkeiten. Immer dabei ist die finnische Sauna, der Massage-Whirlpool und das komplett private Badezimmer. Andere Kategorien bieten zudem Wassermassageliegen, ein Crushed-Ice-Becken zum Abkühlen und noch einiges mehr.

Durch den Einsatz modernster Technik lassen sich die passenden Lichtverhältnisse und stimmige Musik auf Knopfdruck regeln. Sogar **Snacks und Getränke** werden ganz dezent via Durchreiche zur Verfügung gestellt.

Die Aufenthaltszeit variiert zwischen 2 und 6 Stunden. Preismäßig beginnt das Erlebnis bei verhältnismäßig günstigen 36 Euro pro Person. Gemietet wird ganz leicht via Online-Buchungskalender. So kann die Regelmäßigkeit von gesundheitsförderlichen Saunagängen und wohltuenden Auszeiten viel öfter in den Alltag integriert werden. Eine wunderbare Erholungszeit und auch ein Kontrastprogramm zum Gewerbegebiet des Münchner Stadtteils Freimann, in dem sich das MySpa befindet.

MySpa, Maria-Probst-Straße 22, 80939 München, www.myspa.me

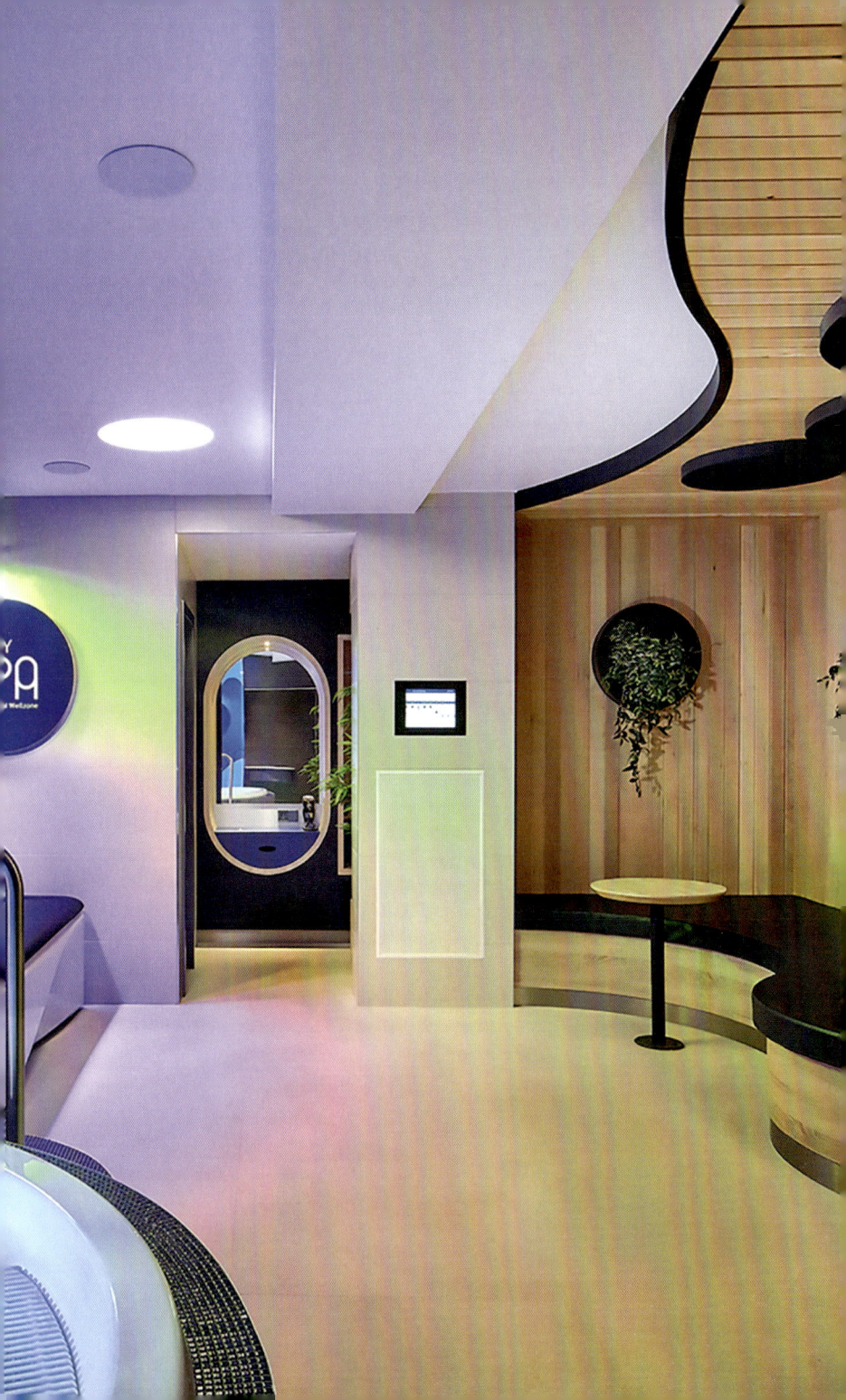

GLÜCK AUS DER TEETASSE

Sich ausführlich mit Teekunst zu beschäftigen, bedeutet weit mehr, als eine Kanne Blätter aufzugießen. Für (zukünftige) Teeliebhaber bietet dieser Ausflug nach Neuhausen eine Auszeit für die Sinne.

Ein taiwanesisches Teeparadies befindet sich mitten in Neuhausen: das Laifufu! „Lai Fu" ist chinesisch und heißt „das Glück soll kommen". Das Glück kommt dort sozusagen aus der Tasse, denn das Geschäft beherbergt unter anderem die erlesensten Oolong Tees, die man sich vorstellen kann. „Oolong" bedeutet „Schwarzer Drache" und meint eine traditionelle chinesische Teesorte. Die chinesische Mythologie besagt, dass einst ein Bauer beim Auslegen seiner Teeblätter auf dem Feld von einem Drachen erschreckt wurde. Als er viele Stunden später wiederkam, waren die Teeblätter bereits von der Sonne dunkel geworden. Er probierte sie dennoch und stellte fest, dass der teilweise oxidierte Tee köstlich schmeckte. Sich allein mit diesen Geschichten auseinanderzusetzen, macht den Aufenthalt im Laifufu magisch. Schon der Blick durch das große Schaufenster verspricht ein farbenfrohes Erlebnis, denn neben den unterschiedlichsten Tees bietet das Geschäft auch exquisites Teegeschirr und alles, was zum perfekten Genuss dazugehört.

Für mich!

Tee trinken und Teekunst erleben

Zudem findet man dort immer ein nettes Mitbringsel oder einen Dekorationsgegenstand aus dem chinesischen Kulturbereich. Wer tiefer in die Teekunst einsteigen möchte, kann aus einem vielseitigen Angebot schöpfen, um den Herstellungs- und Aufgussprozess sowie mehr über die Herkunft zu erfahren. Durch Teekurse, -verkostungen und -zeremonien kommt man dem „Teeweg" immer mehr auf die Spur. Dieser stellt die einzelnen Schritte der Zubereitung in einer gewissen Reihenfolge und innerhalb einer Personengruppe dar. Es geht dabei verstärkt um die innere Einkehr. Personalisierter Tee rundet das Konzept des Laifufu ab.

Allein den Mitarbeitenden beim Aufgießen und Mischen am Degustiertisch oder beim Einräumen der Teegefäße zuzuschauen, ist entschleunigend. Angenehme Musik und das Plätschern eines Springbrunnens sorgen für die akustische Kulisse. Der herrliche Teeduft liegt immer in der Luft!

Laifufu, Maillingerstraße 14, 80636 München, Tel. (0 89) 55 06 99 88, www.laifufu.de

AUF DEM PFAD DER SINNE

Sinneseindrücke des Waldes aufnehmen und nebenbei umhertollende Wildschweinfrischlinge hautnah erleben.

Das **Walderlebniszentrum Grünwald** besteht aus vielen Arealen, die zu einem umfassenden Verständnis des Ökosystems Wald beitragen. Man kann die unterschiedlichen Pfade aber auch gemütlich als ausgedehnten Entspannungsspaziergang nutzen.

Es ist ein bereicherndes Gefühl, den Wald nicht nur visuell auf sich wirken zu lassen, sondern durch Rätsel angeregt zu werden, weitere **Sinneseindrücke zu schulen** und verschiedene Perspektiven einzunehmen. Wie schmecken und riechen Waldpflanzen? Wie fühlen sich Fundstücke des Waldes an? Welchen Geräuschen können wir im Wald lauschen? Zu diesen und weiteren Fragen kann man auf dem „Pfad der Sinne" die Gedanken schweifen lassen.

Für mich!

Wald mit allen Sinnen erfahren

Der **Erlebnispfad** selbst bietet zwölf Stationen auf knapp 3 Kilometern Länge, die zum Entdecken einladen. Auf dem Baumstumpf einer alten Eiche können die Jahresringe gezählt werden. Das Zählen der eng aneinander liegenden Linien erfordert höchste Konzentration, um nicht zu verrutschen. Sobald die Gedanken abschweifen, beginnt man wieder von vorne. Die Lösungen von Reflexionsfragen an den Stationen sind jeweils auf Klapptafeln angegeben. Der Ameisenpfad und der Biotoppfad sorgen ebenfalls für viele neue Erkenntnisse.

Es bringt einen wirklich zum Staunen, wie ausgeklügelt der Wald funktioniert. Großer Respekt entsteht vor diesem System und vor den Personen, die zu seinem Schutz beitragen. Das Walderlebniszentrum wird von Experten aus dem Forstbereich und der Waldpädagogik umfassend gepflegt. Auch Kräuterkunde und Ameisenhege vermitteln sie.

Ein besonderes Highlight ist das **Wildschweingehege,** in dem die Tiere in ihrer gewohnten Umgebung beobachtet werden können. Im Frühjahr sind junge Frischlinge zu sehen, deren Leichtigkeit und Frohsinn geradezu ansteckend wirken. Die täglichen Fütterungen um 16 Uhr sind ein magisches Walderlebnis für alle!

Walderlebniszentrum Grünwald, Sauschütt,
82031 Grünwald, www.walderlebniszentrum-gruenwald.de

1

Welche

Pflanze

ist essbar?

- Maiglöckchen (5)

- Himbeere (1)

- Aronstab (3)

AUF VOGELSAFARI

Neben den lauten Stadtgeräuschen kann man an ganz bestimmten Orten in München angenehme Natur- und Tiergeräusche herausfiltern – meistens auf einem Friedhof.

Manch Abenteuerlustige haben womöglich schon auf einer Safari exotische Tiere beobachtet. Eine besondere Art der heimischen Safari bietet Tiermedizinerin Dr. Eva Schneider an: Vogelexkursionen in Parks und auf Friedhöfen.

Im Rahmen einer Tour wird man Zeugin ihres geballten Wissens über sämtliche Vogelarten. Ihre Vorträge spickt sie mit lustigen Versen, die als Eselsbrücke helfen sollen, **Vogelstimmen erkennen** zu können. Mit dem Silbenrhythmus „Bitte-mach-doch-mal-die-Türe-zu!" drückt sich zum Beispiel der Buchfink aus.

Für mich!

Vogelstimmen lauschen und entspannen

Immer wieder kommt es vor, dass Eva während des Sprechens plötzlich innehält, da ein neuer Gesang einsetzt, den sie sofort identifiziert und erklärt. Der Vogelgesang symbolisiert für die Gruppe ein Achtsamkeitssignal, den **Fokus auf den gegenwärtigen Moment** zu richten. Platz für andere Gedanken bleibt da nicht, weil man sich bemüht, die Richtung, Frequenz und den Rhythmus des Gesangs zu analysieren.

Dass der Aufenthalt in der Natur dabei gesundheitsförderliche Aspekte mit sich bringt, ist einleuchtend. Jedoch wurde bereits erforscht, dass auch explizit die **Beobachtung der Vögel** stressmindernd wirkt. In einem mehrjährigen Projekt des Landesbundes für Vogelschutz (LBV) wurden diesbezüglich bei Bewohnenden aus bayerischen Pflegeheimen positive Effekte in den Bereichen psychosoziale Gesundheit, kognitive Leistungsfähigkeit und körperliche Mobilität gemessen.

Nach diesem Ausflug in die Welt der heimischen Vögel fallen einem auf dem Nachhauseweg auf einmal andere Geräusche als üblich auf. Man versucht, die Naturtöne immer mehr herauszuhören. Gerade in der Stadt mit ihren lauten Reizen ist es eine Wohltat, die Aufmerksamkeit auf **verschiedene Vogelgesänge** auszurichten. Und sie nach einer Exkursion mit Eva auch ein bisschen besser verstehen zu können.

Vogelexkursion, Dr. Eva Schneider, Georgenstraße 72, 80799 München, Tel. (0 89) 2 71 90 52, www.munaris.de Projekt **Alle Vögel sind schon da,** www.lbv.de

Von Lerchen und Eulen

Sei gut zu dir!

MIT DEM RICHTIGEN SCHLAFRHYTHMUS STRESS VERMEIDEN

Die Einteilung des **Schlaf-Wach-Rhythmus** in die Chronotypen der Vogelarten Lerche und Eule kennt man. Menschen, die der Lerche zugeordnet
werden, gelten als Frühaufstehende, die bereits in den Morgenstunden
quietschfidel wirken. Allerdings werden sie abends eher müde. Die Menschen im Eule-Rhythmus hingegen sind morgens kaum ansprechbar,
blühen aber in den Abendstunden zu Höchstleistungen auf.

Die innere Uhr:

Der Schlaf-Wach-Rhythmus wird ebenso wie andere Stoffwechselvorgänge
im Körper eines Menschen von der inneren Uhr – einer **Schaltzentrale im
Gehirn** – vorgegeben. Die meisten Menschen bewegen sich sowieso im
Durchschnitt mit leichter Tendenz zum Frühaufsteher oder zum Nachtak-
tiven. Tatsächlich spielen dabei mehrere Faktoren eine Rolle, wie beispielsweise das Alter, die Ernährung und auch die Gene.

Schlafstadien:

Während der Nacht wechseln sich die **fünf Stadien des Schlafes** ab: Einschlafphase, Leichtschlafphase, mitteltiefer Schlaf, Tiefschlaf und Traumphase. Durch die unterschiedliche Schlaflänge eines Menschen durchläuft man diese Abfolge zwischen vier und sieben Mal pro Nacht mit einer jeweiligen Dauer von durchschnittlich 90 Minuten. Die Regel von 8 Stunden Schlaf pro Nacht gilt aber nicht pauschal, denn es kommt darauf an, wie intensiv das Stadium des Tiefschlafes und der Traumphase war. Wichtig ist zudem, ob man ein **90-minütiges Schlaffenster** beenden konnte oder währenddessen abrupt gestört wurde. Erhebliche Abweichungen davon werden nämlich als weniger erholsam empfunden. Das Prinzip Vorschlafen hilft übrigens nur bedingt. Ebenso kann Koffein oder laute Musik die Müdigkeit nicht aufhalten, sondern nur nach hinten verschieben.

Schlafhygiene:

Auch wenn man durch Arbeitszeiten und Schulunterricht dazu angehalten ist, zu gewissen Zeiten fit zu sein, sollte man versuchen, in den kontrollierbaren Bereichen des Lebens nach der inneren Uhr zu gehen. **Lerchen** können wichtige Denkaufgaben und Sport auf den Morgen verlegen. Sie profitieren auch von einem kurzen Mittagsschlaf, um dem Leistungsabfall am Nachmittag entgegenzuwirken. **Eulen** sollten mit sanften Yoga- oder Entspannungsübungen in den Tag starten, wichtige Aufgaben eher auf eine spätere Tageszeit legen und abends rechtzeitig vor der Schlafenszeit schwer verdauliche Speisen und grelle Multimediabeleuchtung vermeiden.

Übrigens haben belgische und russische Forschende zwei weitere Chronotypen herauskristallisiert: den Napper **(Nickerchen-Typ),** der morgens und abends wach ist, jedoch in der Mittagszeit seinen geistigen Tiefpunkt hat. Und den **Nachmittagstyp,** der morgens und abends müde ist und sein Hoch zwischen spätvormittags und spätnachmittags hat. Solange man den eigenen Rhythmus einigermaßen einhält und Akzeptanz für die Chronotypen anderer Menschen aufbringt, lassen sich trotzdem noch überschneidende Zeitfenster planen, in denen möglichst alle höchst aufmerksam sein können. Manche Unternehmen schwören auf die 10-bis-12-Uhr-Regel für produktive Teamsitzungen.

MEDITATIVES MALEN

Malen, ohne sich eigenständig etwas Kreatives ausdenken zu müssen, reduziert den Fokus der Aufmerksamkeit auf den Akt an sich. Es ist eine Meditation des Schwunges.

Für viele Menschen aus der chinesischen Kultur steigert das konzentrierte, regelmäßige Üben der **Kalligrafie** das Wohlbefinden. Die etwa 3000 bis 5000 gebräuchlichen Schriftzeichen wirken natürlich erst einmal sehr rätselhaft für den westlichen Menschen. Aber nach einer bestimmten Zeit der Beschäftigung wird diese bildhafte Ausdrucksweise, in der es stark um Deutung und zusammengesetzte Bildformen geht, klarer.

Fiona Tan unterrichtet die chinesische Sprache in München. Allerdings vielseitiger, als allein durch das Lernen der Wörter und deren Aussprache. Auf kreative Art und Weise bringt sie einem die malerischen **Schriftzeichen** als Kalligrafie näher. Kalligrafie bezeichnet die Kunst des schönen Schreibens. Doch keine Angst: Selbst wer in der Schule im Schreiben weniger gut abgeschnitten hat, ist in diesem Seminar nicht falsch. Die Kalligrafie kann hier als **meditative und kunstvolle Tätigkei**t angesehen werden und weniger als Textverfassung.

Für mich!

Mit Pinsel und Tinte zu mehr Langsamkeit finden

Wie bei der Unterscheidung zwischen Block- und Schreibschrift gibt es auch bei den Schriftzeichen schwungvolle und formreduzierte Schreibarten. Jede Technik hat ihren eigenen meditativen Charakter.

Mit der korrekten **Fingerstellung** für das Halten des Pinsels, dem unterschiedlich benötigten Druck auf Reispapier und der Ausrichtung der Striche kann man sich stundenlang beschäftigen. Die Reihenfolge der Verläufe muss vor dem Ansetzen mit dem eigenen Pinsel genau nachvollzogen werden, denn währenddessen kann das Schreibgerät nicht einfach abgesetzt werden. Es erfordert in jeder Sekunde die geistige Anwesenheit – anders als bei unserer automatisiert gewordenen lateinischen Schriftart.

Natürlich könnte man auch die geläufigen Buchstaben des lateinischen Alphabets einmal ganz langsam und schwungvoll schreiben, aber dadurch, dass die chinesischen Zeichen einem eher unbekannt sind und wie ein Bild wirken, ist der **Ausstieg aus dem Automatismus** noch wirkungsvoller.

Kalligrafiekurs, Fiona Tan, www.tan-translation.ch in der **Volkshochschule München,** Einsteinstraße 28, 81675 München, Tel. (0 89) 48 00 60, www.mvhs.de

ALTERNATIVE FÜR ISARMÜDE

Ein ausgedehnter Stadtspaziergang am fließenden Gewässer entlang. Sich vom entspannten Auer Mühlbach Zoogeschichten erzählen lassen und eine Kaffeepause machen.

Wenn man an Münchener Gewässer denkt, kommt wohl jedem sofort die Isar in den Sinn. Ihr kleiner Bruder, der **Auer Mühlbach,** hat vielleicht nicht so viel Kraft, doch genau das macht ihn so nahbar. Außerdem ist ihm jedes exotische Tier in München bestens bekannt.

Doch wo fließt eigentlich der Auer Mühlbach? Der sogenannte „Zoo-Teiler" entspringt der Isar am **Marienklausensteg** im Stadtteil Untergiesing-Harlaching. Die süße Holzbrücke eignet sich hervorragend, um kurz innezuhalten und auf die glänzende Isar zu blicken. Ganz in der Nähe kann man einen Abstecher zur Marienklause machen, einer kleinen Kapelle, die durch ihre Holzoptik an ein märchenhaftes Hexenhäuschen erinnert. Dann folgt man dem Weg Richtung Norden und lässt den Auer Mühlbach zur Linken. Er ist nun eine Weile nicht mehr einsehbar, da er mitten durch den Münchner **Tierpark Hellabrunn** verläuft. Wenn die Sträucher nicht zu dicht bewachsen sind, kann man von oben einen kleinen Einblick in die Tierwelt genießen. Ein Seelöwe räkelt sich vor dem Becken und ein Zebra galoppiert freudig umher. Auch einige Rufe aus dem Pavianbereich sind zu hören.

Für mich!
Am ruhigen Auer Mühlbach entlangspazieren

Nach dem Tierpark trifft man wieder auf den Bach und kann auf einem schmalen Weg richtig nah an ihm spazieren. Zwischen Wasser und Schrebergärten kommt man sich wie auf einem Dörflein vor.

Dann lockt der Duft der **Kaffeerösterei Fausto.** In deren Café lässt sich ein Heißgetränk mit direktem Blick auf den Bach genießen.

Vorbei am Templerkloster, an Klein-Venedig und am Müller'schen Volksbad, schlängelt er sich **teilweise unterirdisch.** Wenn man intuitiv Richtung Nordosten folgt, macht man alles richtig und trifft sich zum Abschied bei den Maximiliansanlagen kurz vor dem Friedensengel wieder. Dort fließt der 7 Kilometer lange Bach zu seiner großen Schwester zurück.

Der kleine Bach vermittelt eine Ruhe, wie es die Isar durch ihre Größe und Schnelligkeit kaum vermag.

Spaziergang am Auer Mühlbach, Start: Marienklausensteg, Schlichtweg 15, 81543 München

RHYTHMUS IM BLUT

**Rhythmus bestimmt das ganze Leben und ist überall.
Sogar wer beim Joggen Musik hört,
passt seinen Laufrhythmus dem Takt an.**

Viele Tätigkeiten, bei denen wir in einer bestimmten Rhythmik gegen-
läufige Bewegungen machen müssen, sind ungewohnt und erfordern besondere **Konzentration.** Zum Beispiel: Mit der linken Hand in kreisenden
Bewegungen den Bauch streicheln, mit der rechten Hand den Kopf tät-
scheln. Dann die Seiten wechseln. Das ist gar nicht so einfach.
Clemens Künneth, Trommelkursleiter und Bodymusiker aus München, ist
der Meinung, dass man grundsätzlich eine Beziehung zu Rhythmus in sich
trägt. Der eigene **Atem- und der Schlaf-Wach-Rhythmus** sind alltägliche Beispiele dafür. Auch der ausgeglichene Rhythmus zwischen
Entspannung und Stress ist wichtig. Zu wenig Anspannung im
Sinne von Monotonie kann genauso stressfördernd sein wie
zu viel davon. Wenn irgendetwas langfristig aus dem Takt
gerät, fühlt man sich unausgeglichen.
Rhythmus spielt also eine große Rolle im Leben. Durch
das Spielen von Congas und das Erlernen von Rhyth-
musfiguren in Clemens' Trommelkursen kann es vielleicht
gelingen, wieder mehr Rhythmusstruktur ins Leben zu bringen. Die **Trommeln** zu spielen, erfordert einerseits konzentrierte
Aufmerksamkeit. Andererseits lässt der Spielfluss keinen Raum für Gedanken, was wiederum sehr entspannend sein kann.
Die Grundlage, um gemeinsam zu singen, zu tanzen oder zu musizieren,
liegt in der Natur des Menschen. Und die Erfahrung des sich aufeinander
Einstellens und Synchronisierens hat neben ihrer **entspannenden Wirkung** auch etwas Stärkendes und Verbindendes.
Wer Lust auf Rhythmus und Bewegung hat, kann bei Clemens auch in
einem **Body Percussion Workshop** mitmachen. Durch rhythmisches
Stampfen, Klatschen und Schnipsen wird der eigene Körper zum Per-
cussioninstrument. Die Gleichmäßigkeit wird irgendwann meditativ und
beruhigend. Das Körpergedächtnis setzt ein und kennt die Bewegungen,
ohne dass sich der Geist anstrengen muss.

Für mich!
**Synchron zu
innerer Balance
finden**

Trommelkurs, Clemens Künneth im KUBU, Am Glockenbach 14,
80469 München, Tel. (01 78) 5 29 04 75, www.rhythmusoase.de

YOGA- UND FOODSESSION

Hier lässt sich jeder Sonntag versüßen!
Yogastudio und Café in einem sorgen für den
schönsten Wochenausklang.

Was ist noch besser als eine Yogastunde mit abschließendem Shavasana – der entspannten Rückenlage? Yoga, Shavasana UND Brunch! Das bekommt man im **Café Wonder** beziehungsweise im **Yogastudio zebraherz** in der Heideckstraße in Neuhausen.

Es handelt sich um eine Fusion aus dem Café im Erdgeschoss und dem Yogastudio im Untergeschoss. Dort ist die Stimmung richtig familiär und das nicht ohne Grund. Bris Neugebauer, der das Café Wonder führt, ist der Sohn von Henrike Kromer, der Inhaberin des Yogastudios.

Jeden Sonntag um 10 Uhr bietet Henrike eine **wohltuende Yogaeinheit** für alle mehr oder auch weniger erfahrenen Yoginis und Yogis an. Sie hat großen Spaß an Bewegung, genießt es aber auch, ihre Schüler mit sanfteren Haltungen und Atemübungen in eine tiefgehende Entspannung zu bringen.

Für mich!

Körper und
Seele ver-
wöhnen

In dem kleinen Café Wonder mit **Wohnzimmeratmosphäre** werden anschließend von Gastronom Bris herrliche vegetarische und vegane Speisen angeboten. Happy Bowls, Suppen, hausgemachte Aufstriche, Smoothies und vieles mehr. Dazu gibt es hervorragende Kaffeespezialitäten aus der Münchener Kaffeerösterei emilo. Während man noch die angenehmen Dehnungen der Yogastunde in den Muskeln spürt, darf man bei gesunden Leckereien und guten Gesprächen richtig entspannt genießen.

In einem kleinen Bereich des Cafés gibt es noch einen **Shop mit fairen Produkten** für den Fitness- und Alltagsbedarf. Man hat den Eindruck, es geht alles Hand in Hand im Café Wonder.

Neben dem regulären Cafébetrieb und den Yogastunden planen Henrike und ihr Team auch regelmäßig Specials wie Massagen, eine Yoga- und Segelreise oder Alpaka Yoga auf dem Hof.

Entspannung und Genuss sind vorprogrammiert! Herzlichkeit und Leichtigkeit versüßen den Aufenthalt zusätzlich.

Café Wonder und Yogastudio zebraherz, Heideckstraße 14, 80637 München,
Tel. (01 57) 52 15 94 06, www.cafewonder.de

SALZLUFT WIE AM MEER

Im Alltag vergessen wir oft, unsere gesamte Lungenkapazität auszukosten und verfallen in eine regelrechte Stressatmung. Wie wunderbar ist es da, der Lunge eine kleine Atemkur zu verpassen.

Gleich in der Nähe der Wittelsbacherbrücke befindet sich Münchens erste Salzgrotte: das SalzAmbiente! Mit etwa 9 Tonnen Salz aus dem Toten Meer sind die Wände, die Decke und der Boden in dem 30 Quadratmeter großen Entspannungsort verkleidet. Nicht nur für Entspannung, sondern auch für viele andere gesunderhaltende Faktoren steht der Ort: Das salzhaltige Klima sorgt vor allem bei Symptomen von Atemwegserkrankungen, Neurodermitis oder Arthrose für Linderung. Der Aufenthalt ist vergleichbar mit einem Spaziergang an der Meeresküste. Eine kleine Boutique ergänzt den Ausflug ans „Meer". Dort können verschiedene Natursalzprodukte erstanden werden: zum Kochen, für die Körperpflege oder als Geschenk.

Für mich!

In salzhaltiger Luft mit Klangschalen ausruhen

Die Salzgrotte arbeitet mit verschiedenen Anbietern aus dem Bereich Gesundheit und Wellness zusammen. Wenn man zum Beispiel die Klangschalenmeditation bei Doris Lecker in der Salzgrotte besucht, fühlt man sich, als ob man in eine andere Welt abtaucht.

Doris ist Diplom-Sozialpädagogin und beschäftigt sich unter anderem mit der Wirkung von Klang auf unsere Gesundheit und unser Selbstbewusstsein. Neben ihrer eigenen Praxis bietet sie regelmäßige Klangveranstaltungen im SalzAmbiente an.

Auf Entspannungsliegen – eingehüllt in eine warme Decke und mit hochgelegten Beinen – darf man ihren Klängen lauschen, während die salzhaltige Luft durch die Lungen strömt. Das Licht ist gedimmt und das Zeitgefühl verschwindet irgendwann. Auch bei den obertonreichen Frequenzen von Doris' Klangschalen dürfen positive Effekte auf das Immunsystem und das Stresslevel erwartet werden. Jeder, der bei einer Musikveranstaltung die durch Lautsprecher verstärkten Töne als Vibration spürt, kennt den Effekt. Laut Doris schwingen die Schalen so, dass der hauptsächlich aus Wasser bestehende Mensch wie ein Resonanzkörper wirkt und das gesamte Netzwerk aus Faszien und Zellen dadurch angeregt werden soll.

Klangveranstaltungen, Doris Lecker, 83623 Dietramszell, www.dorislecker.com im SalzAmbiente, Sommerstraße 24, 81543 München, www.salzambiente.de

Tief durchatmen

Lass los!

ATEMÜBUNGEN FÜR MEHR ENTSPANNUNG UND KONZENTRATION

An den Atem denkt man für gewöhnlich gar nicht so oft. Der funktioniert ja von alleine. Lediglich in Stresssituationen fällt er manchmal auf, weil er aus dem ruhigen Rhythmus gerät. Man nimmt ihn dann flach oder hektisch, ab und zu durch Schnappatmung und Seufzer wahr.

Mithilfe von **Atemübungen** kann man lernen, die Aufmerksamkeit bewusst auf die Atemzüge zu richten und die Sauerstoffaufnahme zu verstärken.

4-7-8 Atmung:

Hier geht es darum, 4 Sekunden einzuatmen, den Atem 7 Sekunden zu halten und 8 Sekunden mit der Zunge an der Rückseite der oberen Schneidezähne durch den Mund auszuatmen. Bei den 7 Sekunden soll nicht nach unten gepresst werden, sondern einfach locker gehalten werden. Die Konzentration richtet man darauf, sich den Atem so einzuteilen, dass die volle

Sekundenzahl ausgenutzt wird. Wem das zu lange ist, kann auch auf die Intervalle 2-3-4 verkürzen. Wichtig ist weniger die exakte Sekunde, sondern das Verhältnis zueinander. Etwa acht Mal wiederholt, kann diese Technik für weniger Ängste, mehr Entspannung und einen **guten Schlaf** sorgen.

Wechselatmung:
Im Yoga heißt diese Atemtechnik **Nadi Shodana.** Hierbei werden Daumen und Ringfinger der rechten Hand je an einer Seite der Nasenflügel angebracht, während Zeige- und Mittelfinger zwischen den Augenbrauen verweilen. Der Daumen hält das rechte Nasenloch zu, man atmet durch das linke Nasenloch ein, der Ringfinger hält es dann zu und man atmet durch das rechte Nasenloch aus. Dann umgekehrt: Man atmet durch das rechte Nasenloch ein, der Daumen hält es daraufhin zu und man atmet durch das linke Nasenloch wieder aus. Nach drei bis acht Durchgängen kann die Technik die **Konzentration verbessern,** da die beiden Gehirnhälften stärker miteinander verbunden werden.

Bienenatmung:
Auch diese Atemtechnik ist aus dem Yoga bekannt und zwar als **Brahmari.** Dazu werden mit beiden Daumen die Ohren verschlossen, die Zeigefinger sanft auf die Augen gelegt, die Mittelfinger an die Nasenflügel, die Ringfinger auf die Oberlippe und die kleinen Finger an den Unterlippenbereich. Diese Haltung symbolisiert das Schließen der sechs Pforten (manchmal liest man von sieben Pforten, da die Nasenlöcher separat gezählt werden). Nach einer tiefen Einatmung atmet man summend aus, bis die Lunge vollständig geleert ist und wiederholt das einige Male. Natürlich ist das Summen auch ohne die Handhaltung durchführbar. Die Übung entspannt durch die entstehende Vibration vor allem Kopf-, Nacken- sowie Brustbereich und wirkt **stimmungsaufhellend.**

Bei allen Atemtechniken gilt, dass man sich nicht in bestimmte Atemfrequenzen zwingen sollte und das Wohlbefinden stets vorgeht. Man kann sich auch für einige Minuten pro Tag auf die vollständige Atmung konzentrieren. Das bedeutet, es werden bewusst **tiefe Atemzüge** genommen, die sowohl den Bauch, den Brustkorb und die Schlüsselbeine nach außen wölben. Durch den Einsatz der gesamten Lungenkapazität steigt die Sauerstoffzufuhr und das Herz-Kreislauf-System wird beruhigt.

KNOTEN UM KNOTEN

Wer in einer Welt, die sich immer digitaler entwickelt und in der viele Aktivitäten vor dem Bildschirm stattfinden, einen analogen Ausgleich sucht, für den bietet sich eine bestimmte Knüpftechnik an.

Das Geräusch von klackernden Stricknadeln kennt man womöglich noch von Besuchen bei der Großmutter. Es hat etwas Beruhigendes zuzusehen, wie durch sich immer wiederholende Bewegungen etwas Kreatives entsteht. Handarbeiten sind als Freizeitaktivität wieder hoch im Kurs. Alternativ zu den klassischen Handarbeiten lohnt sich der Besuch eines Makramee Workshops. Dabei handelt es sich um eine Knüpftechnik aus dem Orient, die in der westlichen Welt das letzte Mal in den 1970er-Jahren bekannt war. Heute repräsentiert sie den damaligen Hippie-Stil neu und nutzt natürliche Erdnuancen: Blumenampeln, Schlüsselanhänger, Windlichter. Ganze Boho-Hochzeiten mit Stuhl- und Wandbehängen werden ausgerichtet.

Für mich!
Beim Knüpfen entspannen

Yvonne Fabritz, Creative Coach und Künstlerin, hat den kraftvollen Effekt der Technik erkannt und bietet Makramee Workshops an. Durch die kreative Arbeit konnte sie schon immer ihren Gedanken und Gefühlen freien Lauf lassen. Ihrer Meinung nach können viele Worte oder langes Analysieren nicht das bewirken, was der kreative Ausdruck leistet. Gerne verknüpft Yvonne in ihren Angeboten die handwerklichen Prozesse mit Meditationen und Atemübungen.

Für die Makramees wird noch nicht mal eine Nadel benötigt, denn es geht mehr um einen Webmechanismus. Das Garn ist relativ dick und wird an einer Querstange befestigt. Zwei Arten von Fäden sind dabei entscheidend: die Trägerfäden, welche Knoten tragen und die Arbeitsfäden, welche die Knoten bilden. Kreuz-, Rippen- und Wellenknoten sind nur einige der Möglichkeiten zu knüpfen und werden je nach Objekt eingesetzt.

Der Fokus auf der Gleichmäßigkeit, dem Einsatz der Finger und dem Zusammenspiel beider Hände sorgt für Entspannung und Konzentration. Man merkt gar nicht, wie die Zeit vergeht und fühlt sich hinterher freier im Kopf. Zudem kann man das fertige, selbst erschaffene Kunstwerk im Anschluss in den Händen halten und bewundern.

Makramee Workshop, Yvonne Fabritz, Sonnwendjochstraße 61, 81825 München, www.yvonnefabritz.com

WIE DER FLUSS DES LEBENS

Die Ursprünglichkeit eines Flusses entdecken,
die Gedanken mit der Strömung fließen lassen und im
Anschluss die Durchblutung stärken.

Neben der Isar, die sich zentral durch die Stadt von Süd nach Nord bewegt, schlängelt sich im Westen die dem Starnberger See entspringende **Würm.** Auf etwa 11 Kilometern Länge durchquert sie die Münchener Stadtteile Pasing, Obermenzing, Untermenzing und Allach. Fast überall ist sie von einem Grünstreifen mit Rad- und Wanderwegen umgeben, sodass sie sich als herrliche Begleitung eines ausgedehnten Spaziergangs entpuppt.

Es entsteht eine besondere Anziehungskraft, wenn man sich in der Nähe eines fließenden Gewässers aufhält. Die **Fließkraft** symbolisiert die stetige Bewegung und Veränderung, so wie es auch im Leben ist. Das mag erst einmal wehmütig machen, aber es zeigt sich eine positive Seite. Vergangene Dinge loszulassen und sprichwörtlich davonfließen zu lassen, kann das Gemüt erleichtern. Sehr oft hält man an Früherem fest: „Damals war es noch besser." Nichts gegen die Erinnerung an diese Erlebnisse, aber man möchte sie manchmal richtig festhalten und wiederhaben. Dadurch verpasst man viele Dinge im Hier und Jetzt, die ebenfalls schön sind. Die Gegenwart bietet die einzige Möglichkeit, das Leben so richtig zu spüren. Denn es findet genau in diesem Moment statt.

Für mich!

Im Gehen Vergangenes fließen lassen

Wer sich auf seiner **Würm-Wanderung** mit Wissenswertem begleiten lassen möchte, zieht die passende Web-App der Stadt München zu Rate. Durch insgesamt drei Stadtteile mit je sieben Stationen kann man bis zu 3,5 Stunden am Fluss entlanggehen und sich von inspirierenden und informativen Reflexionsfragen begleiten lassen: „Was wäre, wenn der Fluss nicht in sein Bett eingezwängt wäre?" „Wie funktioniert eine Fischtreppe?" Wer flussaufwärts geht und die Würm etwas außerhalb der Stadt erleben möchte, kann seine Wanderung durch den **Paul-Diehl-Park** planen und in Gräfelfing abrunden. Dort befindet sich eine Kneippanlage inklusive Sitzgelegenheit aus Natursteinblöcken. Die angestrengten Beine werden gekühlt und die Durchblutung angeregt. Ein erfrischender Abschluss.

Würm-Wanderung, Start: Pasinger Stadtpark, Hugo-Fey-Weg 1,
81241 München, www.wuermentdecken.de

FILMTHEATER WIE FRÜHER

Ein Filmerlebnis im Ambiente des
frühen 20. Jahrhunderts wird im ältesten
Großkino Münchens serviert.

Sich in gemütlicher Atmosphäre einen Film anzuschauen, stellt eine schöne Auszeit vom Alltag dar. So startet man gerne in den Abend oder ins Wochenende. Sich vollkommen auf eine erzählte Geschichte einlassen – bestenfalls ohne dabei auf dem Handy zu tippen oder die Wäsche zusammenzulegen.

Zu Hause kann es passieren, dass man im Multitasking-Modus den Fernseher einfach laufen lässt und den Fokus dann auf etwas anderes richtet. Ins Kino zu gehen, ist daher eine besondere Wertschätzung für das Meisterwerk Film und auch für das eigene Konzentrationsvermögen. Weg von der geteilten Aufmerksamkeit und den eigenen vier Wänden. Hin zu dunkler Atmosphäre mit großem Bildschirm. Hier lässt es sich viel stärker in ein filmisches Erlebnis hineindenken. Man kennt das Gefühl, wenn man das Kino im Anschluss verlässt und das Spektakel noch so lebendig in einem nachwirkt, dass man sich der Realität erst wieder langsam anpassen muss.

Für mich!

In eine andere Welt abtauchen

Das Filmtheater Sendlinger Tor ist ein ganz besonderes Kino. Das älteste Großkino Münchens wurde im Jahre 1913 durch Unternehmer und Schausteller Carl Gabriel in Auftrag gegeben. Tatsächlich hat man den Eindruck, man würde eine Zeitreise in die damalige glanzvolle Ära unternehmen, wenn man die Räumlichkeiten betritt. Edle Messinglüster, neoklassizistische Säulen und rote Plüschsessel versprechen gemütliche Kinostunden. Wie in einem richtigen Opernhaus gibt es neben den Hauptreihen auch einen Balkon. Von dort aus ist alles prächtig einsehbar. Die riesige Leinwand wird klassisch durch das Öffnen eines roten Vorhangs preisgegeben. Kinoplakate werden noch von Hand gemalt. Technisch ist das Filmtheater auf modernstem Niveau.

Seit 1945 ist es unter der Obhut von Familie Preßmar, der es gelungen ist, den einzigartigen Saal und den glorreichen Charme des Designs zu erhalten. Vorgeführt wird ausschließlich ein Film pro Abend.

Filmtheater Sendlinger Tor, Sendlinger-Tor-Platz 11, 80336 München,
Tel. (0 89) 55 46 36, www.filmtheatersendlingertor.de

IM SCHWEBEZUSTAND

**Dem Nervensystem und den Muskeln
eine kleine Pause gönnen und sich einfach von
der Wasseroberfläche halten lassen.**

Um den Schwebezustand im Toten Meer einmal am eigenen Leib spüren zu können, ist keine weite Reise nach Israel notwendig. Floating – englisch für Schweben – nennt sich das Verfahren, bei dem man sich in einem salzhaltigen Wasserbecken in Rückenlage befindet.

Häufig in der Entspannungsförderung eingesetzt, steht die **Abschottung von Außenreizen** hierbei im Vordergrund. Vor allem in der Stadt hat man sich an die zwangsläufig auftauchenden Geräusch-, Licht- und Gesprächsreize gewöhnt. Erst wenn man nach einem erholsamen Urlaub in die Stadt zurückkehrt, fällt auf, dass die Geräuschkulisse überwältigend laut ist. Das Nervensystem ist eigentlich ständig damit beschäftigt, äußere Stimuli zu filtern und zu verarbeiten.

Für mich!
Ohne Außenreize im Wasser Entspannung finden

Im **Premium Float & Spa** Schwabing gelangt man innerhalb eines speziellen Beckens oder wahlweise Tanks in einen angenehmen **Zustand zwischen Wachen und Schlafen.** Als sogenannter Theta-Wellenbereich wurde diese Phase der Schläfrigkeit im Rahmen von Messungen bereits sichtbar. Zusätzlich entspannt sich die Muskulatur in der Schwerelosigkeit so, wie es außerhalb des Wassers kaum möglich wäre.

Die spezifische Dichte des Wassers wird durch **Zugabe von Salzen** so weit erhöht, dass der menschliche Körper ohne Berührung des Beckens in der Lösung schwebt. Auf die Hautaußentemperatur abgestimmt, empfindet man weder Kälte noch Wärme. Nach einer Weile ist dadurch die eigene Körpergrenze nicht mehr eindeutig wahrzunehmen. Die geringe Wassertiefe macht es möglich, das Floating jederzeit zu unterbrechen, sofern diese Erfahrung erst einmal ungewohnt wirken sollte.

Der Entzug von visuellen und akustischen Reizen führt zu einer tiefen Entspannung. Im Premium Float & Spa Schwabing kann man zu seinem persönlichen Schwereloserlebnis aber optional **meditative Musik** hören und in einen **Sternenhimmel** blicken. Eine Auswahl an verschiedenen Massagebehandlungen rundet die Auszeit optimal ab.

Premium Float & Spa Schwabing, Feilitzschstraße 26, 80802 München,
Tel. (0 89) 33 03 97 31, www.float-schwabing.de

TREPPE ZUR ACHTSAMKEIT

Auf den Ebersberger Rundwegen ist viel Abwechslung für die Füße und gute Aussicht geboten. Freunde des bayerischen Dialektes kommen hier übrigens auch auf ihre Kosten.

Wer mit der S-Bahn zum östlichsten Punkt des Netzes fährt, gelangt in die Kreisstadt Ebersberg. Der dazugehörige Ebersberger Forst ist eines der größten zusammenhängenden Waldgebiete Deutschlands.

Ein beliebtes, jedoch nicht zu überlaufenes Ausflugsziel stellt der Rundweg vom Ebersberger Bahnhof zum Aussichtsturm dar. Das Schöne ist, dass die Landschaft und die Bodenbeschaffenheit auf dem Rundweg nach Westen sehr vielfältig sind: Teer-, Kies-, Erd- und Wiesenweg wechseln sich mit dem Ausblick auf Wasser, Felder und Wald ab. Es gibt kleine Steigungen und Gefälle, sodass den Füßen niemals langweilig wird. Der Egglburger See lädt zum Pausieren ein, um das Glitzern der Wasseroberfläche und das Spiel der Vögel dort zu beobachten, bevor es allmählich durch den Wald geht. Dort muss auf die Schritte geachtet werden, um herausragende Wurzeln nicht zu übersehen.

Für mich!
Schöner Ausflug mit Turmbesteigung

Im angrenzenden Museum Wald und Umwelt lässt sich ein kleiner Abstecher machen, bevor sich die Ludwigshöhe zeigt, auf welcher der Ebersberger Aussichtsturm thront. Die Turmspitze bietet in 35 Meter Höhe ein fabelhaftes Panorama über Ebersberg, den Forst und sogar die Alpen. Nur zu Frostzeiten und der damit verbundenen Glättegefahr ist der Turm gesperrt. In den warmen Monaten kann der Aufstieg als schöne Achtsamkeitsübung genutzt werden.

Das Treppensteigen ist für gewöhnlich zweckorientiert. Wir tun es, um von einer Etage in eine andere zu gelangen. Oftmals nehmen wir sogar mehrere Stufen auf einmal und sind mit den Gedanken schon am Ziel. Und auch hier haben wir zwar das Ziel, mit einer schönen Aussicht belohnt zu werden. Aber warum nicht einmal das Tempo verlangsamen und jeden Schritt mit einem tiefen Atemzug verbinden? Sich bei jedem Schritt auf die Fußsohlen, die Kraft der Beine und aufsteigende Körperwärme konzentrieren. Dann ist der Aufstieg sogar an wolkenverhangenen Tagen ein Erlebnis.

Ebersberger Rundwege, Ludwigshöhe 3, 85560 Ebersberg

SAURE ANGELEGENHEIT

Ein eigenes Sauerteigbrot zu backen, benötigt viel Zeit. Genau diese Zeit für Pflege und Vorbereitung des Teiges lässt uns vom Alltag entschleunigen und wird mit einem einzigartigen Genuss belohnt.

Der Geruch eines frisch gebackenen Brotes ist unwiderstehlich! Vor allem das Sauerteigbrot hat seinen ganz eigenen Charme! Wie schön es wäre, diesen Duft mit nach Hause zu nehmen und in die noch warme Kruste zu beißen. Moment! Brot selbst machen? Das ist viel zu aufwendig. Oder? Claudia Steiner von Claudia's BrotZeit sieht das anders. Die gelernte Zahntechnikerin backt für ihr Leben gern verschiedenste Brotsorten und hat es richtig drauf! In einer ihrer Kurse steht die Herstellung eines Sauerteigbrotes auf dem Programm. Natürlich wird mehr Zeit benötigt als bei einer Fertigmischung oder beim Backen mit Hefe, aber die Qualität des Sauerteiges, der gehegt und gepflegt werden will, schmeckt man definitiv.

Für mich!

Selbst den Teig pflegen und Brot backen

Vielleicht liegt es auch an dieser Pflege, die das Brotbacken so achtsam macht: Immer wieder muss geschaut werden, wie sich die Konsistenz des Teiges anfühlt. Es bleibt gar keine Gelegenheit, auf Ablenkungen zu achten. Selbst in der Ruhezeit des Teiges will überprüft werden, ob schon genug sogenannter „Risse" an der Oberfläche gebildet wurden. Dies sorgt nämlich später für eine schöne Maserung der Kruste. Wenn der Teig erst einmal im Steinofen ist, kann man gar nicht anders, als das Schauspiel von außen durch das Sichtfenster zu beobachten. Wie das eigenständig kreierte Werk langsam aufgeht und seine Farbe verändert. Claudia sagt, wenn sie backt, vergisst sie alles andere um sich herum. Sie ist dann ganz im Moment.

Es gehören noch viele weitere Dinge zum Brotbacken, aber Claudia hält es für uns im Kurs „simple". So heißt nämlich auch ihr eigenes Rezept für das Sauerteigbrot: „Keep it simple". Zudem darf eine kleine Menge des rohen Sauerteiges mit nach Hause genommen werden, um sich an weiteren Leckereien wie Rahmfladen und Wurzelbrot zu versuchen.

Jetzt heißt es nur noch: Sauerteig pflegen – füttern – beobachten – backen und von vorne. Eine tolle Auszeit aus dem schnelllebigen Alltag!

Claudia's BrotZeit, Claudia Steiner, www.claudias-brotzeit.de in der GUBE20, Gubestraße 20, 80992 München, www.gube20.de

AM TIEFEN SEE

Einen etwas stilleren Badeort findet man im Dachauer Land zwischen Landschaftsschutzgebiet, Acker und Pferdewiese.

Den Waldschwaigsee bei Karlsfeld entdeckt man kaum zufällig. Wenn man nicht gerade aus der Gegend kommt, erfährt man von ihm eher durch Hörensagen („Ich kenne jemanden, der jemanden kennt…"). Neben den berühmten Badeorten im Münchner Nordwesten, wie dem Karlsfelder See, dem Langwieder See und dem Lußsee, gehört der Waldschwaigsee auf jeden Fall zu den ruhigeren Naherholungsstätten.

Vielleicht liegt das daran, dass er sehr versteckt und naturbelassen liegt. Man würde ihn von Weitem nicht vermuten. Umgeben ist er von Feldern und Pferdewiesen, als ob er einfach so aus dem Nichts dazwischen hineingespuckt wurde. Ursprünglich wurde dort in den 1970er-Jahren Kies für den Straßenbau ausgehoben. Bald füllte sich die Grube mit Niederschlag und brachte das heutige Naherholungsgeschenk zutage.

Für mich!
Spazieren, lauschen und liegen am See

Der See ist am besten mit dem Fahrrad zu erreichen, was einige wohl zwei Mal überlegen lässt, wenn die Anreise mit den öffentlichen Verkehrsmitteln oder dem Auto zu umständlich ist. Mit seinen 9,8 Hektar ist der Waldschwaigsee eher klein. Das Besondere ist seine Tiefe von fast 15 Metern. Das verleiht ihm selbst im Hochsommer stets eine angenehme Kühle und Klarheit.

Sobald man ihn umrundet, kann man nicht umhin, das laute Geschnatter von der Mitte des Sees zu hören. Dort befindet sich eine 3500 Quadratmeter große, dicht bewachsene Insel, die unter Landschaftsschutz steht. Zahlreiche Wildgänse und andere Vögel brüten dort. Trotz der geflügelten Bewohnerinnen ist die Wasserqualität stets in ausgezeichnetem Zustand. An manchen Stellen spiegelt sich die glitzernde Oberfläche in karibischem Blau. Es macht Spaß, den Vögeln bei ihrem Badegenuss zuzusehen und sich im Einklang mit ihnen zu erholen.

Natürlich kommen in der Hochsaison auch hier viele Badegäste zu Besuch. Durch die Liegeflächen rund um den See verteilen sie sich aber immer gut.

Waldschwaigsee, Hadinger Weg 17, 85757 Karlsfeld

KONTEMPLATIVES PADDELN

Die Gleichmäßigkeit der Wellen und Gedanken in Einklang bringen – das gelingt auf einem Ausflug zum Starnberger See.

Von den sportlichen Wirkungen des Stand-up-Paddling – kurz SUP – hat man vielleicht schon einmal gehört. Bei dieser Wassersportart steht man aufrecht auf einer Art breitem Surfbrett und bewegt sich mithilfe eines Stechpaddels voran. Zu Beginn ist das noch eine recht wackelige Angelegenheit. Der Körper ist permanent damit beschäftigt, das Gleichgewicht zu halten. Sind die Gewässer zudem etwas unruhig, kann das schon eine große Herausforderung sein, nicht ins kühle Nass zu fallen. Gerade die permanent erforderlichen Ausgleichsbewegungen sorgen für eine starke Muskulatur, die den ganzen Körper anspricht.

Für mich!

Auf den Gedankenwellen surfen

Allerdings kann das SUP auch als meditative Freizeitbeschäftigung gesehen werden. Sobald die ersten Gleichgewichtsversuche überstanden sind und das Spiel mit der Balance etwas sicherer gelingt, richtet sich der Fokus auf andere Dinge. Das leise Schwappen des Wassers an das Brett, die sanften Sonnenstrahlen auf dem Gesicht und das wunderschöne Alpenpanorama am Horizont. Es ist ein schönes Gefühl, alleine für sich auf dem Brett zu stehen, zu sitzen oder zu liegen und die eigenen Gedanken mit den Wellen kommen und gehen zu lassen.

Der SUP Club im Strandbad Starnberg mit Inhaberin Eliane Droemer hat das ebenfalls erkannt. Das Team bietet nicht nur die obligatorischen Kurse für Beginnende an. Neben den fitnessorientierten Kursen wird Yoga, Meditation und Tai Chi auf dem Board praktiziert. Ein Leihboard mit Paddel und optionalem Neoprenanzug kann zur Verfügung gestellt werden. Hinterher kann man den Tag noch im Strandbad gemütlich ausklingen lassen und sich eine Stärkung holen. Auf den Eintritt gibt es bei einer Kursbuchung übrigens einen Rabatt. Wer dann noch nicht genug kriegen kann: Der Club bietet immer wieder gebrauchte Bretter in diversen Größen und Breiten an, die günstig erworben werden können. Sehr angenehm, dem Trubel an Land einmal etwas zu entfliehen.

SUP Club Starnberger See, Strandbadstraße 17, 82319 Starnberg, www.sup-club.bayern

VERLASSENE WALDPFADE

Die Vielfalt des Perlacher Forstes ist erst bei einem ausgedehnten Tagesausflug so richtig zu erfassen. Bei klarer Witterung gibt es das Bergpanorama inklusive.

Der Perlacher Forst ist ein großzügiges Waldgebiet südlich von München. Fast wie ein Netz ziehen die Waldwege in unterschiedlicher Beschaffenheit ihre Bahn durch das Grün. Einige grob geteerte Strecken sind für Fahrradausflüge gut geeignet. Und unzählige kleine und große Abzweigungen mit Kies-, Erd- oder Wiesenböden gibt es zu Fuß zu entdecken.

Im Perlacher Forst ist es mit gut 13 Quadratkilometern Größe gar nicht so einfach, die Orientierung zu behalten. Trotz der vermeintlich schnurgeraden Wege, verlaufen diese nicht nach genauer Nord-Süd- oder West-Ost-Ausrichtung. Es ist gut, wenn man sich ein paar Stunden oder besser einen ganzen Tag Zeit für einen entspannten Besuch im Schlendergang nimmt. Und manchmal hat es ja auch etwas Schönes, sich einfach überraschen zu lassen, wo man ankommt.

Für mich!

An stillen Stunden im Wald erfreuen

Relativ mittig im Forst befindet sich der 26 Meter hohe Perlacher Mugl – eine begrünte Anhöhe, die als Aussichtsplattform dient. Bei klarer Witterung ist es möglich, das Alpenpanorama am Horizont zu bewundern. Da man sich hier bereits recht weit im Süden der Stadt befindet, ist auch keine Hochhauskulisse im Weg. Die Namen der Berge werden oben auf dem Hügel sogar durch eine Schautafel erklärt. Ein kleiner Holzpavillon mit Sitzgelegenheiten zu allen Himmelsrichtungen lädt zum Sonnen und Verweilen ein.

Auf der Wiese um den Mugl herum kann man herrlich picknicken, lesen und entspannen. Im Frühjahr hat man das quakende Geräusch der laichenden Frösche im Ohr, die sich in der Kiesgrube nahe der Anhöhe tummeln. Die meisten Waldbesuchenden sind durch die Stadtnähe im Norden unterwegs, in dem sich der offizielle Eingang zum Forst und der Trimm-dich-Pfad befinden.

Auf einigen Wegen im östlichen oder südlichen Teil kann es durchaus sein, dass man für längere Zeit keiner Menschenseele begegnet.

Perlacher Forst, Nordeingang: Oberbiberger Straße, 81545 München

ZURÜCK ZU DEN WURZELN

Der Zauberwelt der Wildpflanzen vor der eigenen Haustüre einmal näherkommen und erfahren, wie sie gesundheitlich auf den Körper wirken können.

Caroline Deiß gibt in ihren Kräuterwanderungen in und um München einen Überblick über die essbare Natur in der Umgebung. Angesichts vieler Lebensmittelallergien und künstlicher Zusatzstoffe ist es ihr ein großes Anliegen, den Menschen wieder mehr an einen natürlichen Geschmack heranzuführen. Es muss dafür kein eigener Garten angelegt werden, denn der Wald und die Wiesen beherbergen viele genießbare Produkte. Carolines Verwandtschaft ist selbstversorgend, sodass es für sie als Schülerin völlig normal war, ihre Sommerferien mit der Herstellung von Butter zu verbringen. Während der Arbeit in der Finanzbranche war ihre Sehnsucht nach mehr Natur zu groß, weshalb sie nun selbstständig Kräuterwanderungen, -kochkurse und Räucherseminare leitet. Sogar ein Kochbuch hat sie veröffentlicht, darin gibt es ein Rezept für eine Hagebuttensoße, die wie Tomatensoße schmeckt! Carolines Kräuterkochkurs besteht aus einer Wanderung, auf der bis zu 30 Wildpflanzen kennengelernt und gesammelt werden. Dann erfolgt die gemeinsame Zubereitung eines fünfgängigen Menüs. Bestandteile sind unter anderem ein glutenfreies Brot mit Flohsamenschalen, verschiedene Wildkräuterdips und ein Smoothie aus kleinen Ästchen und Dornen von Rosen. Kaum zu glauben, aber mit einem hochleistungsfähigen Mixer hat man sich damit einen Vitamin-C-reichen Drink gezaubert, der das Immunsystem stärkt. Jede Pflanze hat ein eigenes Profil mit einer unterschiedlichen Wirkungsweise, die man sich beispielsweise bei Schlafstörungen oder Verdauungsproblemen zunutze machen kann.

Das Verarbeiten von selbst gesammelten Kräutern aktiviert die Selbstheilungskräfte und strahlt ein Gefühl von Ursprünglichkeit aus. Es ist toll zu wissen, dass man imstande ist, sich in der Natur selbst versorgen zu können. In jedem Fall ist es eine Wonne, Caroline zuzuhören, denn man hat den Eindruck, sie kann aus wirklich allem etwas Essbares herstellen.

Für mich!

Im Wald ein 5-Gänge-Menü zusammenstellen

Kräuterkochkurs, Caroline Deiß, Zugspitzstraße 2, 82327 Tutzing, Tel. (0 81 58) 90 38 53, www.kräuterwanderungen-münchen.de

Natur in sich aufnehmen

Iss dich glücklich!

VON DER WIESE AUF DEN TELLER

Die eigenen Groß- und Urgroßeltern wussten meist noch über **Heilpflanzen und deren Wirkung** Bescheid. Vielleicht gab es bei Husten manchmal den berühmten Zwiebelsaft oder Thymiantee.

Dem **Fortschritt in der Lebensmittelverarbeitung** ist zu verdanken, dass die Nahrung haltbarer und die Handhabung vereinfacht ist: Man muss den Joghurt nicht mehr stundenlang zu Hause selbst herstellen. Aber auch viele unnatürliche Zusätze und Züchtungen haben Einzug gehalten, damit ein möglichst hoher Genusswert des Lebensmittels erzielt wird. Bitterstoffe, die eigentlich sehr gut für das Sättigungsgefühl sind, werden als wenig schmackhaft empfunden, sodass die grüne Paprika von früher noch anders geschmeckt hat als die von heute. Aufgrund **herausgezüchteter Bitterstoffe** wird im Endeffekt über den Hunger hinweg gegessen.

Auch Nahrungsmittelunverträglichkeiten, wie die **Fructosemalabsorption**, haben immer mehr an Bedeutung gewonnen. Ab einer gewissen Menge

Fruchtzucker führt dies bei jedem Menschen zu Verdauungsschwierigkeiten. Das weiß man, wenn man einmal zu viele Kirschen oder Zwetschgen zu sich genommen hat. Durch industriell hergestellte oder stark konzentrierte Süßungsmittel wird die Tagesdosis an Fruchtzucker heutzutage noch viel schneller überschritten. Abgesehen von angeborenen Intoleranzen sind viele Unverträglichkeiten im Laufe des Lebens erworben worden.

„Tomatensoße" aus Hagebutten:
Die Variante mit Hagebutten enthält sehr viel Vitamin C und eignet sich hervorragend bei einer **Histaminunverträglichkeit.** Tomaten enthalten nämlich viel Histamin und führen bei intoleranten Betroffenen zu Kopf- und Bauchschmerzen.

1. Für vier Personen etwa 1 Kilo Hagebutten mit 1 Liter Wasser in einen Topf füllen und aufkochen. Danach die Hitze reduzieren und die Hagebutten 30 Minuten leicht köcheln lassen.
2. Nun mit einem Stabmixer pürieren und durch ein Sieb passieren, um die Kerne und Blütenrückstände zu entfernen.
3. Zwei Knoblauchzehen durch eine Presse drücken, in die Soße einrühren und mit Salz und Pfeffer würzen.
4. Je nach Geschmack und Verträglichkeit noch Parmesan oder anderen Käse darüber hobeln und mit Kräuterblüten der Saison, zum Beispiel vom Bärlauch oder Gänseblümchen, garnieren und zu Nudeln reichen. Mit Buchweizennudeln wird das Gericht glutenfrei.

Garnitur mit Bärlauch:
Bärlauch gilt als bestes Naturantibiotikum. Er **senkt den Blutdruck** und einen zu hohen Cholesterinspiegel, wirkt Herzinfarkt sowie Schlaganfall entgegen und regt den Stoffwechsel an. Bärlauch ist darüber hinaus reich an Eisen und Magnesium.

Garnitur mit Gänseblümchen:
Als unermüdliche Blühpflanze wirkt das mild-nussige Gänseblümchen durch die leichten Bitterstoffe **stoffwechselanregend und schleimlösend.** Sauer eingelegt schmecken die Blüten wie Kapern.

Beim Sammeln von Pflanzen ist natürlich immer Vorsicht bei Unbekanntem geboten. Man sollte nur das sammeln, was man identifizieren kann. Kräuterwanderungen, Bücher und Apps helfen dabei, die Pflanzen nicht mit ihren giftigen Doppelgängern zu verwechseln.

WALDTOUR AUF JAPANISCH

Hinaus in die Natur und ab in den Wald eintauchen!
Shinrin Yoku lädt ein, die faszinierende Wirkung
der Terpene zu erleben.

Auch wenn die **Idee des Waldbadens** erst in den letzten Jahren so richtig Einzug gehalten hat, blickt das Ganze bereits auf eine lange Tradition zurück. „Shinrin Yoku" ist die japanische Bezeichnung dafür. Dabei will man mit allen Sinnen in die Waldatmosphäre eintauchen, damit **Körper und Geist entschleunigen** dürfen.

Angela Weinfurtner ist zertifizierte Kursleiterin für Waldbaden und Qi-Gong-Lehrerin. Sie bringt auf thematisch verschiedenen Touren das **Prinzip Shinrin Yoku** nahe. Das macht sie in den an München angrenzenden Wäldern der **Aubinger Lohe und der Emmeringer Leite.**

Für mich!

**Im Wald
das Immunsystem
stärken**

Die gesundheitlichen Aspekte sind bei einem Waldbesuch rasch zu spüren. Das Grün der Pflanzen sowie die Lichtverhältnisse entspannen die Augen merklich. In Japan gibt es allein acht verschiedene Begriffe dafür, wie das Licht durch die Baumkronen scheint. Der Sauerstoffgehalt und die höhere Luftfeuchtigkeit lassen den Atem tiefer und reichhaltiger werden.

Angelas **Achtsamkeitsübungen** im Wald sind vielfältig: Man lässt den Blick in Zeitlupe in eine bestimmte Richtung schweifen und achtet auf alles, was in diesem Blickfeld auftaucht: den Flügelschlag eines Vogels, das Rascheln der Zweiglein oder den Lichtfleck auf einem Blatt. Eine **Gehmeditation** und langsame Bewegungen aus dem **Qi Gong** (wahlweise barfuß) fühlen sich angenehm auf dem weichen Waldboden an und tun den Gelenken gut. Das Stresslevel und der Blutdruck sinken. Eine tiefe innere Ruhe und Zufriedenheit können sich einstellen.

Eine große Rolle für die Gesundheit spielen auch die sogenannten **Terpene** in der Waldluft. Das sind Duftstoffe, die von Pflanzen ausgestoßen werden und eigentlich dazu dienen, Schadstoffe und Schädlinge abzublocken. Wenn man sich im Wald aufhält, nimmt man ebenfalls diese Terpene über Haut und Atemluft auf, die zu einer effektiven Stärkung des Immunsystems führen sollen.

Waldbaden, Angela Weinfurtner, Tannenfleckstraße 21 a, 82194 Gröbenzell,
Tel. (01 52) 57 62 47 12, www.gela-waldbaden-qigong.de

ZUM KOLOSS IM FLUSS

**Mit dem Rad an der Isar entlang gen Süden,
zwischen Kiesbänken und Dschungel,
zum großen Felsblock im Wasser.**

An einem heißen Hochsommertag in München gibt es fast nichts Herrlicheres als Stunde um Stunde an der Isar zu verbringen. Im leichten Schatten liegen, picknicken und ab und zu ins kühle Nass tauchen. Die bekanntesten **Bade- und Picknickstellen** sind im Bereich des Flaucherparks und der Wittelsbacherbrücke.

Wer es allerdings ein wenig ruhiger mag und am Ufer nicht unbedingt zu dicht aneinander sitzen möchte, kann die Badeauszeit mit einer **Radtour zum Georgenstein** verbinden. Ein bisschen Zeit sollte man dafür einplanen, denn der Ort liegt vom Flaucher aus gute 10 Kilometer im Süden bei Baierbrunn. Direkt neben der Isar tritt man teilweise auf Kies oder Teer, mal bergauf und wieder bergab, in die Pedale. Vorbei kommt man auf seinem Weg an der **Bronzestatue des Isarflößers,** der Waldwirtschaft (liebevoll Wawi genannt) und der imposanten Burg Grünwald. Nach einer letzten Kurve ragt der etwa 5 Meter hohe Felsblock aus dem Flussbett der Isar. Man schätzt das Gewicht des Georgensteins wegen seiner Masse auf rund 900 Tonnen. Früher stellte er ein gefürchtetes Hindernis der Isarflößer dar. Schon öfter sollte er gesprengt werden, aber man erhielt ihn als Naturdenkmal.

Heute kann man vom **Kiesstrand** direkt auf den Felsblock blicken und die Stromschnellen beobachten, die sich um den Stein winden. Einige Wasservögel nutzen das angeschwemmte Holz als Brutstätte.

Auf der gegenüberliegenden Seite des Steins ist eine Bank direkt am Ufer, auf der ein Päuschen gemacht werden kann. Wer Lust hat, kann dort im Waldabschnitt durch die ehemalige **Römerschanze** mit ihren hohen Wällen und Gräben spazieren und sich auf einer Schautafel über den historischen Hintergrund des Gebiets informieren. Nicht zu toppen ist der Ausblick vom **Isarhochufer.** Pünktlich zum Sonnenuntergang kann man hier ausgiebig auf die glitzernde Oberfläche der Isar blicken.

Für mich!
Einen Ausflug zum entlegenen Isarstrand machen

Radtour zum Georgenstein, 82041 Grünwalder Forst

AUF ROBIN HOODS SPUREN

Wer hat sich nicht schon einmal vorgestellt, wie Robin Hood mit Pfeil und Bogen zu schießen? Beim meditativen Bogenschießen kann man außerdem auch noch etwas für seine Gesundheit tun.

Nordwestlich von München – im Dachauer Land – ist Sabine Landenberger beim **Bogenschießen** anzutreffen. Sie ist nicht nur Bogenschützin und -trainerin, sondern auch Fachberaterin für Stress und Burn-out. Ihr Fokus liegt daher nicht auf dem sportlichen und wettkampforientierten Bogenschießen, sondern auf dem traditionellen und meditativen Aspekt. Eine Kursstunde startet mit **Dehn- und Atemübungen** sowie einer entschleunigenden Gehmeditation. Für eine ruhige Hand beim Schießen ist eine gewisse Entspannung essenziell. Natürlich spielen die Haltung und Technik ebenfalls eine große Rolle. Wenn man dann mit Bogen und Pfeil vor der Zielscheibe steht, vergisst man alles um sich herum. Der Fokus liegt nur noch auf dem Ziel – einatmen – den Pfeil lösen – verweilen – und lockern. Die Körperempfindung ist in diesem Moment sehr präsent. Es tut gut, die nachlassende Spannung der Muskeln nach dem Schuss wahrzunehmen. Unterdessen ist um einen herum das Vogelgezwitscher des nahe gelegenen Waldes zu hören und die Sonne auf der Haut zu spüren. Ein unglaublicher Moment – **mitten in der Natur.**

Für mich!

Konzentriert mit Pfeil und Bogen umgehen

Sabine erklärt, dass die ruhigen und gleichförmigen Bewegungsabläufe sehr entspannend wirken und dadurch den Stressabbau unterstützen. Denn Körper, Geist und Bogen bilden beim traditionellen Bogenschießen eine Einheit, um mit dem Pfeil sicher das Ziel zu treffen. Die Aufmerksamkeit und Konzentration werden gefördert und mit jedem Schuss auch das Selbstbewusstsein gestärkt. Durch die aufrechte Haltung wird die Rückenmuskulatur aufgebaut und Verspannungen können sich lösen. Viele **positive gesundheitliche Aspekte** können also erzielt werden.

Neben den Kursen in Dachau und Fahrenzhausen kann man bei Tages- oder Wochenendworkshops in der historischen Umgebung von Schloss Hohenkammer bei Petershausen in das intuitive Bogenschießen eintauchen. Eine wahrlich ungewöhnliche und intensive Auszeit.

Bogenschießen, Sabine Landenberger, 85221 Dachau und Umgebung, Tel. (01 51) 28 06 62 10, www.bogenschiessen-landenberger.de

PHILOSOPHIE AM WEG

Pfeiler mit Zitaten, philosophische Ansätze
und reflektierende Modellstationen machen diesen
Wanderweg zu einem sinngebenden Ereignis.

Im Dachauer Land erstreckt sich ein **meditativer Wanderweg** zwischen den Klosterstandorten Petersberg und Markt Altomünster. Mit dem grünen Logo „In sich gehen" beschildert, kann man dem etwa 10 Kilometer langen Weg von der alten Basilika St. Peter und Paul bei **Erdweg** bis nach St. Alto und St. Birgitta in **Altomünster** folgen. Die Landschaft besteht überwiegend aus Wiesen und Feldern mit kurzen Wald- und Dorfabschnitten. Was den Weg so attraktiv macht, sind die Etappen, die zum Innehalten einladen. Neben den regelmäßig auftauchenden Pfeilern, die mit Sprichworten und meditativen Sprüchen versehen sind, kommt man unter anderem auch an folgenden Stationen vorbei: einem **Modell des Sonnensystems,** einem Holzinstrument für eigene Kompositionen und einer „lebenden" Sonnenuhr. Hier stellt man sich auf die Datumslinie und kann die Zeit am eigenen Schatten ablesen.

Für mich!

**Beim Wandern
diskutieren und
nachdenken**

Immer wieder gibt es auf dem von der Sonne verwöhnten Weg Sitzbänke für eine Pause im Schatten. Man kennt den **Tunnelblick,** mit dem man oft auf die Ziele im Leben zurasen möchte, ohne den Blick nach links und nach rechts zu wenden. Doch hier geht es darum, sich auch über Teilerfolge zu erfreuen. Dies motiviert für die noch bevorstehende Strecke.

Sprüche, die zum Nachdenken oder Diskutieren anregen, können dem Weg mehr Sinn verleihen. Natürlich darf und soll man die **Zitate** hinterfragen. Wenn man liest: „Mach nur die Augen auf, alles ist schön." (Ludwig Thoma), dann kommen einem womöglich auch Dinge in den Sinn, die alles andere als schön sind. Doch wenn man länger darüber nachdenkt, wie dieser Satz gemeint sein könnte, lässt sich vielleicht interpretieren: Einige unangenehme Dinge im Leben sind manchmal hilfreich, um das Schöne noch mehr schätzen zu können. Genau zu diesem **Reflektieren** der eigenen Gedanken, aber auch zu der Anerkennung anderer Meinungen lädt der Meditationswanderweg ein.

Meditativer Wanderweg, Start: Petersberg Basilika, Petersberg 1, 85253 Erdweg, www.tourismus-dachauer-land.de/insichgehen

NATÜRLICH ANDERS

Die perfekte Mischung aus den Annehmlichkeiten eines Freibades und der Natürlichkeit eines Badesees.

Ein Urlaubstag am Badesee oder im Freibad? In München muss man diese Entscheidung nicht unbedingt treffen, wenn man das Naturfreibad Maria Einsiedel besucht. Mitten in den grünen Isarauen bei Thalkirchen befindet sich das Öko-Bad, durch das auf fast 400 Meter Länge der Isarkanal verläuft. Die Annehmlichkeiten eines Freibades, wie beispielsweise Toiletten, Umkleiden, Duschen, welche sich in einem historisch anmutenden Gebäude auf dem Gelände befinden, sowie ein Biergarten wurden mit dem natürlichen Isar-Badeerlebnis verknüpft.

Für mich!

Natürlich schwimmen im Öko-Freibad

Ganz ohne Chlor lässt es sich trotzdem hygienisch baden. Das Wasser wird nämlich biologisch gereinigt und hat damit sogar eine bessere Qualität als die umliegenden Badeseen. Dank der Mikroorganismen und durch teilweise unter den Liegewiesen verlaufende Kiesfelder wird mechanisch gefiltert. Seit dem Jahr 2008 ist das Maria Einsiedel das erste Naturbad Münchens. An heißen Tagen bietet das Becken sogar noch mehr Erfrischung, da es mit 22 Grad etwas kühler ist als die anderen Münchener Freibäder. Der durchfließende Isarkanal gleicht sogar der Temperatur eines Gebirgsbaches und ist nur etwas für Abgehärtete.

Eine kleine Auszeit von Chemikalien tut dem Körper extrem gut. Gerade Chlor kann die Schleimhäute reizen und das Atmen erschweren. In den Freibädern würde es ohne das desinfizierende Mittel natürlich nicht funktionieren, aber das Naturfreibad bietet eine willkommene Abwechslung, für die sich Haut und Atemwege bedanken. Die Liegewiese ist sehr weitläufig und beherbergt einen vielfältigen Baumbestand. An heißen Tagen kommen oft sehr viele Besuchende auf das Areal. Es kann aber auch vorkommen, dass man nur zu zehnt ist.

Der Aufenthalt im Naturbad stellt sich als perfekter Urlaubstag ohne weite Anfahrt heraus. Man darf sich durch die grünen Baumgrenzen von der Stadtwelt ein wenig abgrenzen und beschützt fühlen.

Naturbad Maria Einsiedel, Zentralländstraße 28, 81379 München

AUSZEIT IM MINIFORMAT

Ein Wochenende im Minihaus mit skandinavischem Design und bayerischer Gemütlichkeit. Von außen klein, von innen überraschend großzügig und luxuriös.

Mikrohäuser, die in der Regel eine Fläche zwischen 15 und 45 Quadratmetern aufweisen, werden immer beliebter. Eine Intention dahinter ist, die Wohn- und Grundstücksfläche aufgrund steigender Kosten zu verkleinern. Aber auch als Ferien- und Wochenendwohnung ist der Aufenthalt ein romantisches Erlebnis entgegen der Bewegung „Bigger is better". Auf dem Büffelhof Beuerbach bei Weil, 55 Kilometer westlich von München, ist es möglich, das Tiny-House-Erlebnis einmal hautnah zu testen. Das Naturzimmer Max steht als Übernachtungsmöglichkeit direkt neben der Büffelweide auf der Streuobstwiese. Die nebenan lebenden Wasserbüffel und Wollschweine dürfen sogar gestreichelt werden und deren entspannte Art überträgt sich sofort.

Für mich!
Autark neben Büffeln wohnen

Auch wenn bei einem Tiny House vieles reduziert wird, bedeutet das Wohnen dort keinesfalls Verzicht. Voll ausgestattet mit Küche, Schwedenofen, mosaikgefliester Dusche und einem King Size Bett, lässt es sich luxuriös ausspannen. Mit Sonnenenergie und einem Wasseraufbereitungssystem versorgt sich Max völlig autark. Das Ganze in einer skandinavisch-bayerischen Designfusion. Der Hof ist eigentlich eine bunte Mischung aus Landwirtschaft, Restaurant, Vinothek, Hofladen und Übernachtungsmöglichkeit. Als erster Hof in Deutschland hat man in Beuerbach mit der Zucht von italienischen Wasserbüffeln begonnen. Nun kocht das gastrobegeisterte Dreiergespann Amelie, Vuong und Valentin innovative Speisen aus Büffelprodukten. Im Anschluss an einen ausgedehnten Abend mit exquisiter kulinarischer Versorgung fällt man dann nach wenigen Schritten einfach ins Naturzimmerbett. Das Frühstück kann man bereits am Vorabend aus dem Restaurant abholen und in aller Gemütlichkeit morgens verzehren. Büffelmozzarella und Weiteres erwirbt man aus dem Hofladen, damit der Genuss zu Hause weitergehen darf.

Büffelhof Beuerbach, Benediktstraße 4, 86947 Beuerbach,
Tel. (0 81 95) 15 33, www.bueffelhof-beuerbach.de

DURCHS HOPFENLAND

Umgeben von Hopfenstauden direkt in die Wochenendauszeit radeln und dabei etwas Gutes für die Gesundheit tun. Ein einmaliges Hopfenerlebnis mit oder ohne Bier.

Wer gerne radelt, dem bietet sich auf einem 2400 Quadratkilometer großen Gebiet nördlich von München ein beliebtes Fahrradmekka! Die **Hallertau,** in der Region liebevoll auch Holledau genannt, mit dem größten zusammenhängenden Hopfenfeld der Welt, hat ihren südlichsten Punkt etwa bei **Freising,** 35 Kilometer nordöstlich von München. Das Gebiet hat ein einmaliges Fahrradnetzwerk für verschiedene Schwierigkeitsgrade. Die Strecken wechseln sich ab zwischen geteerten Straßen und Feldwegen. Flusstäler und hügelige Abschnitte lassen die Tour nie eintönig werden.

Ein Klassiker ist die sogenannte **Hallertauer Hopfentour,** die einen beliebigen Start- und Endpunkt haben darf und sowohl gekürzt als auch verlängert werden kann. Flankiert durch den Freisinger Dom kann man die Strecke beispielsweise nach Norden **Richtung Wolnzach** zurücklegen. Dann sind die **Hopfenplantagen** nicht mehr zu übersehen. Im Sommer ragen sie bis zu 7 Meter in die Höhe und man selbst ist mittendrin. Fast wie ein Schutzwall vor der geschäftigen Außenwelt!

Für mich!

Radelnd Hopfenaroma einatmen und Natur genießen

Die immer gleichmäßigen Bewegungen mit den Fahrradpedalen lassen einen irgendwann in einen Flow kommen. Die Sinne sind ganz geschärft: Jeder Windhauch, der die Hopfendolden und deren Blätter zum Rascheln bringt, und jedes Zirpen fallen auf. Der **Hopfengeruch,** der beruhigend wirken soll, ist allgegenwärtig. Man geht davon aus, dass Hopfenbestandteile an den Rezeptoren des körpereigenen Schlafhormons Melatonin andocken und damit schlaffördernd wirken. Auch wenn er zu der Gattung der Hanfgewächse gehört, wirkt der Hopfen nicht berauschend – außer in Verbindung mit Alkohol.

In Wolnzach gibt es neben dem Hopfenmuseum einige Einkehr- und Unterkunftsmöglichkeiten. Am nächsten Tag kann man den Rückweg antreten oder vielleicht noch eine weitere Abzweigung im Fahrradnetzwerk des Hopfenlandes nehmen.

Radtour im Hopfenland Hallertau, www.hopfenland-hallertau.de;
Freisinger Dom, Domberg 36, 85354 Freising

URLAUB AUF STELZEN

**Draußen schlafen und dabei
nicht auf Komfort verzichten? Das geht in einem
Baumhaushotel nahe München.**

Wer als Kind in den Genuss kam, ein Baumhaus zu besitzen, weiß, wie besonders das sein kann. Dieses Gefühl, sich ein bisschen von der Erwachsenenwelt abzugrenzen, in der Ferne alles beobachten zu können und Dinge auszuhecken. Eventuell durfte man ja auch einmal eine ganze Nacht im Baumhaus verbringen und wurde am Morgen von den ersten Sonnenstrahlen und zwitschernden Vögeln geweckt. Für alle, die diesen Traum wieder aufleben lassen oder zum ersten Mal erleben möchten, gibt es einen magischen Ort etwa 45 Kilometer nordwestlich von München: das Vier-Sterne-Baumhaushotel in Jetzendorf.

Für mich!

Unter
Baumkronen
schlafen

Je nach Geschmack und Budget bieten sich verschiedene Unterkünfte an. Es lohnt sich, mit bis zu vier Personen in einer Bleibe zu übernachten. Von der Seelodge mit Holzterrasse und einem Schlafbereich direkt unter dem Dach bis hin zu den auf Stelzen stehenden Häuschen, die teils mit einem Whirlpool und einer privaten Sauna ausgestattet sind, werden sämtliche Glampingwünsche erfüllt.

Das Frühstück ist sogar inbegriffen und wird direkt am Wasser auf der sonnigen Terrasse eingenommen: feinste Kaffeespezialitäten, Säfte, Bioeier, Käse, Wurst, Obst, Brezen und Croissants werden gereicht. Das Beachhaus auf dem Gelände bietet tagsüber zusätzlich Erfrischungsgetränke, Wein und regionales Bier.

Ob man sich nun einfach einmal Ruhe bei einer Massage gönnt oder lieber aktiver beim Waldklettern und Minigolf dabei sein will: Der Urlaub kann in Jetzendorf nach den eigenen Vorstellungen gestaltet werden. Auf Komfort muss dabei nicht verzichtet werden. Auch für Unternehmen und Feiern eignet sich die Anlage wunderbar, denn es gibt einen gläsernen Veranstaltungsraum für bis zu 20 Personen mit Gartenanlage für gemeinsame Grillabende. Da steigt die Sehnsucht nach lauen Sommerabenden am Naturbadesee.

Baumhaushotel Oberbayern, Schulstraße 26, 85305 Jetzendorf,
Tel. (0 81 37) 9 96 25 95, www.baumhaushotel-oberbayern.de

YOGA, EAT, SLEEP ... REPEAT

Yoga üben nahe am Fluss, an dem das Schilf sich leise im Wind bewegt. Ein verlängertes Wochenende in klösterlicher Umgebung und mit wunderbarer Verpflegung.

Zwischen sanften Wiesen der Amperauen und barocken Gebäuden des ehemaligen Zisterzienserklosters Fürstenfeld empfängt das Team des biozertifizierten Fürstenfelder Hotels, Restaurants und Biergartens seine Gäste. Essen, Schlafen, Yoga üben und saunieren sind hier möglich. Etwa 30 Kilometer westlich von München kann man in eine ländlichere Umgebung eintauchen und Ruhe finden.

Hotelchefin Uschi Kohlfürst praktiziert Yoga, weshalb es naheliegt, entsprechende Auszeiten vor Ort anzubieten. Seit dem Jahr 2021 hat das Fürstenfelder Hotel unweit des Klosters einen 90 Quadratmeter großen Yogaraum mit viel Licht, warmem Holzboden und einem harmonischen Farbkonzept. Bei schönem Wetter kann man sogar die Terrasse nutzen. Bärbel Miessner ist Yogalehrerin und bietet regelmäßig Yoga Retreats an einem verlängerten Wochenende an. „Retreat" bedeutet Rückzug von der gewohnten Umgebung. Zwischen dynamischen und ruhigen Einheiten kann man sich von den Köstlichkeiten des Restaurants verwöhnen lassen. Für die Zusammenstellung geben die Natur und die Jahreszeiten den Takt vor. Zwischendurch kann man den Wellnessraum nutzen und abends herrlich gebettet einschlafen. Ein Miniurlaub mit ganzheitlicher Umsorgung!

Für mich!

Mit Yoga zu einer zufriedenen Haltung finden

Bärbel ist der Überzeugung, dass die Teilnehmenden nach diesem Wochenende mit einer anderen Haltung nach Hause fahren. Äußerlich aufgerichtet und stark, innerlich zufrieden und voller Energie. Ein paar Kenntnisse sollten vorhanden sein, aber sie hat mit ihrer über 20-jährigen Yogaerfahrung auch immer Alternativübungen in petto, die mit viel Freude eingebaut werden.

Nachhaltigkeit und der respektvolle Umgang mit der Natur ziehen sich durch sämtliche Bereiche des Hotels und geben zusätzlich ein gutes Gefühl bei diesem Wochenendurlaub ohne weite Anfahrt!

Yoga Retreats, Bärbel Miessner, www.yogamour.de im Fürstenfelder Hotel, Mühlanger 5, 82256 Fürstenfeldbruck, www.fuerstenfelder.com

65 AYURVEDA FÜR ANFÄNGER

Romantisch auf einer Anhöhe liegt ein Schloss mit Blick auf den Starnberger See. Das Schloss ist ein Hotel, in dem man drei Tage lang in die Heilkunst des Ayurveda schnuppern darf.

Auf der Ostseite des Starnberger Sees mit seiner traumhaften Umgebung steht das Biohotel und Vitalzentrum Schlossgut Oberambach. Die parkähnliche Anlage ist idyllisch von 52 Hektar Wald und Wiesen umgeben. Das familiengeführte Unternehmen achtet bei der Verpflegung auf biozertifizierte und regionale Speisen. Die Zimmer sind außerdem baubiologisch saniert und ökologisch gestaltet.

Neben Wellnessanwendungen bietet das Schlossgut traditionelle Ayurvedabehandlungen an. Ayurveda ist ein ganzheitliches Gesundheitssystem aus der indischen Kultur. Es ist mit seinen über 5000 Jahren das älteste überlieferte Medizinsystem der Welt. Jede Ayurvedakur hat zum Ziel, den Menschen in sein persönliches Gleichgewicht zu bringen. Das geschieht über eine spezielle Ernährung, bestimmte Kräuter- und Massageanwendungen sowie Reinigungskuren und Körperübungen, deren Wirkung über die reine Entspannung hinausgehen.

Für mich!

Das innere Gleichgewicht finden

Für gewöhnlich dauern Ayurvedakuren zwei bis drei Wochen. Im Schlossgut Oberambach gibt es die Möglichkeit, Ayurveda für drei Tage kennenzulernen. Dazu gehört eine ausführliche typgerechte Behandlung. Im Ayurveda unterscheidet man nämlich drei Konstitutionstypen – Vata, Pitta und Kapha – die in unterschiedlichem Maße im Menschen ausgeprägt sind und darüber entscheiden, welche Ernährung und Anwendungen passen. Neben der klassischen Ganzkörpermassage (Abhyanga) beinhaltet der dreitägige Ausflug auch ein Schwitzbad zur Entschlackung. Eine energetisierende Kundalini-Rückenmassage mit Kräuterfangoauflage und eine ayurvedische Gesichts-, Kopf- und Nackenmassage (Mukabhyanga) mit Klangstimulation runden das Erlebnis ab.

Abschließend kann man über das denkmalgeschützte Anwesen durch den Schlosspark spazieren. Dort befindet sich auch ein Naturbadeteich mit Feng-Shui-Wasserfall. Ein Traum.

Ayurveda für drei Tage, Cenia Schell, www.ceniaschell.de im
Schlossgut Oberambach, Oberambach 1, 82541 Münsing, www.schlossgut.de

Du bist, was du verdaust

Die Fülle des Lebens

WOHLBEFINDEN FÜR JEDEN KONSTITUTIONSTYP

Ayurveda ist trotz seines 5000-jährigen Bestehens in der westlichen Welt vor allem durch Wellnessmassagen bekannt. Das allein würde der umfassenden Lehre jedoch nicht Genüge tun.

Fünf Elemente und drei Konstitutionstypen:

Laut Ayurveda setzt sich das gesamte Sein aus den **fünf Elementen Erde, Wasser, Luft, Feuer und Raum (Äther)** zusammen. Jedes Element steht für gewisse Eigenschaften, die sich auch im Menschen zeigen. Ausgedrückt wird das Zusammenspiel der Elemente durch **drei Konstitutionstypen** – den **Doshas.** Krankheiten entstehen laut der Lehre durch eine Unausgewogenheit dieser drei Doshas, die zum Beispiel durch falsche Ernährung verursacht wurde. Vor einer typgerechten Ayurvedakur wird bestimmt, welche individuelle Zusammensetzung der drei Doshas man besitzt und welche dominiert. Darauf basieren dann die entsprechenden Anwendungen und Ernährungsweisen.

Vata-Dosha: Vata steht für die **Elemente Luft und Raum** und reguliert Aktivitäten wie die Atmung, das Nervensystem und die Bewegung. Eine Unausgewogenheit führt dagegen zu Nervosität, Schlaflosigkeit und Appetitlosigkeit.

Pitta-Dosha: Bei Pitta sorgen die **Elemente Feuer und Wasser** für alle biochemischen Vorgänge, wie den Stoffwechsel und die Verdauung. Zu viel davon führt allerdings zu Gereiztheit und Entzündungen.

Kapha-Dosha: Kapha beinhaltet **Erde und Wasser,** welche für die Stabilität und Gelenkigkeit Sorge tragen. Eine Dysbalance kann sich in Trägheit und Gier manifestieren.

Sechs Geschmacksrichtungen: Die ayurvedische **Ernährungslehre** sieht vor, bestenfalls sechs Geschmacksrichtungen (Rasas) in einer Mahlzeit zu vereinen: süß, sauer, salzig, herb, bitter und scharf. Geschmacksrichtungen und Gewürze werden je nach Konstitutionstyp verstärkt empfohlen:

Vata-Typen leiden oft an Verdauungsstörungen und Untergewicht. Statt scharfer Gewürze und Rohkost sollten gekochte Nahrungsmittel und verdauungsfördernder Kümmel, Ingwer, Fenchel und Zimt auf dem Speiseplan stehen.

Pitta-Typen haben einen starken Appetit und wirken bei Hunger unausgeglichen. Süßes und bitteres Gemüse sowie Gewürze wie Kurkuma, Koriander und Kardamom gleichen das Verdauungsfeuer wieder aus.

Kapha-Typen haben eine eher träge Verdauung und neigen zu Übergewicht, daher sollten anregende und entwässernde Lebensmittel gegessen werden. Gewürze wie Chili, Pfeffer, Kresse und Ingwer können gut in einem vegetarischen Gericht eingebaut werden.

Goldene Milch:

Die Goldene Milch ist ein klassisches Rezept aus dem Ayurveda und wirkt sich auf alle drei Doshas positiv aus. Die darin enthaltene Kurkuma gleicht den Stoffwechsel aus, senkt Blutdruck sowie Cholesterinspiegel und wirkt entzündungshemmend. Öl und Pfeffer sorgen für eine bessere Aufnahme der gelbgoldenen Knolle.

Die folgenden **Zutaten in einem Topf kurz aufkochen** und dann genießen:

• 250 ml Kuh- oder Pflanzenmilch
• 1 TL Ghee (geklärte Butter) oder Kokosnussöl
• ½ TL Kurkuma
• ½ TL frisch geriebener Ingwer
• eine Prise Pfeffer
• optional nach Geschmack: Zimt, Kardamom, Muskat, Agavendicksaft

STERNE ZÄHLEN

Ein Bett im Grünen und unter Sternenhimmel – allein auf einem Golfplatz. Das verspricht ein einmaliges Erlebnis.

Ein Pop-up-Bett auf dem Rasen mit Weitblick? Was sich erst einmal nach wildem Campen anhört, entpuppt sich als einzigartiges und gut durchdachtes Übernachtungserlebnis an einem schönen Auszeitort mit viel Privatsphäre. Das Team des Hamburger Start-ups sleeperoo erfüllt diesen Traum mit dem sogenannten Design|sleep Cube. Dabei handelt es sich um einen stabilen Würfel mit drei großen Panoramafenstern sowie einem transparenten Dach. Die kubusähnliche Behausung steht auf einem Golfplatz in Bayern, etwa 25 Kilometer nordöstlich von München.

Die Form und die Ausstattung des Cubes sind minimalistisch und doch absolut komfortabel. Es gibt viele Staufächer, eine bequeme Sojaölkernmatratze und kuschelige Bettwäsche aus nachhaltigen Materialien. Als besonderes Schmankerl steht eine sogenannte Chillbox mit veganen Produkten bereit. Damit kann man es sich im Erlebnisbett gemütlich machen und den Sternenhimmel bewundern. Auch ein Mitternachtsspaziergang bietet sich an, denn wann hat man schon einmal einen ganzen Golfplatz für sich allein?

Für mich!
Übernachten in einem minimalistischen Würfel

Morgens wird man von der aufgehenden Sonne und dem Vogelgezwitscher geweckt. So kann man wunderbar in den Tag starten: ob man nun lange Golf spielt oder nur eine erste Annäherung mit dem Sport durch einen Schnupperkurs absolvieren möchte. Hinterher kann man es sich auf Liegestühlen an einem der angelegten Seen bequem machen und das Kräuseln der Wasseroberfläche beobachten.

Neben dem Übernachtungswürfel in Eichenried gibt es noch andere Cubes in ganz Deutschland, die alle nachhaltig ausgestattet sind – outdoor und indoor. Eine Toilette und Waschgelegenheit sind praktischerweise immer in der Nähe, denn die Würfel werden von sogenannten Hosts betreut. In Eichenried ist das der Golfclub OPEN.9. In Gedanken spielt man bereits durch, ob man nicht einmal eine Nacht in einem Museum, auf einer Alpakawiese oder in einer Burgruine verbringen möchte.

Sleeperoo, www.sleeperoo.de auf dem **Golfplatz OPEN.9 Golf Eichenried,** Schönstraße 45, 85452 Eichenried, www.open9.de

GLAMPING AT ITS BEST

Wer an Camping denkt, hat wahrscheinlich Zelte und Wohnwägen vor Augen. Nicht so beim Glamping südwestlich von München.

Wenn man den etwa 35 Kilometer von München entfernten Camping- platz am Pilsensee betritt, wird man zunächst an das Auenland aus dem Film „Der Herr der Ringe" erinnert. Jeden Moment erwartet man, dass ein kleiner Hobbit aus der runden Tür eines Holzbaus tritt. Doch siehe da: Es ist eine menschliche Familie in Badebekleidung, die herauskommt. Ein übergroßes, liegendes Holzfass reiht sich hier an das nächste. Vier XXL-Fässer mit je 590 Zentimetern Länge und eigenem Kühlschrank so- wie acht kleinere Exemplare stehen einzugsbereit. Innen riecht es herrlich nach unbehandeltem Holz. Wenn man Glück hat, kann man von seiner beheizten kleinen Höhle durch das Fenster aus direkt auf den See blicken. Zusätzlich stehen hölzerne Jagdhäus- chen mit je drei Schlafplätzen und einer Tischgruppe zur Verfügung. Das Besondere: Seit Kurzem ist ein Hoch- sitz aufgestellt, um den Kaffee oder Tee am Morgen mit Weitblick auf den Pilsensee zu genießen. Mehr Romantik und Luxus gehen nicht.

Für mich!

In komfortablen Holzfässern am See wohnen

Sogar eigene Badezimmer können für eine etwas privatere Atmosphäre zusätzlich angemietet werden: Das lässt das Glam- pingherz höherschlagen. Der Begriff des Glampings setzt sich aus den Worten „glamourous" und „camping" zusammen. Er steht für ein etwas komfortableres Übernachten im Freien.

An Versorgungsmöglichkeiten und Freizeitaktivitäten mangelt es nicht. Direkt auf dem Gelände gibt es einen kleinen Supermarkt, ein Restau- rant mit Biergarten und einen Spielplatz. Stand-up-Paddling, Boot fahren, schwimmen und segeln können in den Urlaubsplan eingebaut werden. Se- henswürdigkeiten wie das Schloss, kleine Läden, Märkte und die Gastro- nomie von Seefeld laden rund um den Campingplatz zum Entdecken ein. Es ist für jeden Geschmack etwas dabei. Im romantischen Mittelpunkt stehen die Holzfässer, die an die Behausungen der Hobbits erinnern. Eine gelungene Kombination aus Luxus und Natur.

Campingplatz Pilsensee, Am Pilsensee 2,
82229 Seefeld, www.camping-pilsensee.de

BAUERNHOF MIT WELLNESS

**Bauernhof ist nicht gleich Bauernhof.
Warum nicht das idyllische Landleben mit einem komfortablen
Wellnessbereich für Ruhe und Erholung verknüpfen?**

Auf einem Bauernhof zu leben und zu arbeiten stellt man sich einerseits sehr idyllisch und romantisch vor. Der Gedanke, sich selbst versorgen zu können, bringt einen unweigerlich in die Auseinandersetzung mit Natur und Umwelt. Andererseits hat man auch die umfangreiche Arbeit vor Augen, die für die Tier- und Ackerlandwirtschaft aufgewendet werden muss. Wer auf dem Lemerhof etwa 30 Kilometer nordöstlich von München vorbeischaut, erlebt eine gute Mixtur aus bodenständiger Landwirtschaft und wellnessorientiertem Urlaub. Familie Lemer konzentriert sich vor allen Dingen auf den Gemüse- und Kräuteranbau, dessen Produkte auf verschiedenen Münchener Wochenmärkten vertreten sind. Das Tolle: Es wird in kleinen Mengen, dafür aber alle 2 Wochen angebaut, um stets frisch verkaufen zu können. Im Fünf-Sterne-Gästehaus befinden sich mehrere Apartments und Ferienwohnungen, die auf die Selbstversorgung ausgerichtet sind. Aus dem Hofladen dürfen die Produkte der Eier legenden Bewohnerinnen bezogen werden. Sein regional gestaltetes Frühstück kann man dann auf Liege- und Sitzmöglichkeiten im Landhausgarten genießen, während das Gackern der Hennen zu hören ist.

Für mich!

Idyllisches Landleben und Sauna genießen

Wer Interesse an den Hofgeschehnissen zeigt, dem wird eine Hofführung angeboten, inklusive Traktorfahrt und Besichtigung der Gemüsekulturen. Die Lemers sind leidenschaftliche Hofbetreiber. Jedes Familienmitglied verwirklicht sich in den verschiedenen Bereichen, die ihre Landwirtschaft bietet. Allen gemeinsam ist die Liebe zur Natur.

Nach einem langen Urlaubstag mit viel frischer Luft kann man es sich in der hauseigenen Sauna gut gehen lassen. Neben der klassischen Sauna kann auch auf eine Biosauna bei niedrigeren Temperaturen von 55 bis 70 Grad umgestellt werden. Die Luftfeuchtigkeit ist dafür höher und hat eine hautpflegende Wirkung. Im Ruhebereich darf man die Eindrücke des Landlebens in gemütlichen Schwebeliegen auf sich wirken lassen.

Lemerhof, Goldacher Straße 40, 85445 Oberding/Notzingermoos,
Tel. (08 11) 84 22, www.lemerhof.de

LUXURIÖSER WELLENGANG

**Man kommt sich vor wie auf hoher See
und profitiert von den gesunden Auswirkungen
des Thermalwassers.**

Ein Tag in einer Therme mit allem Drum und Dran hört sich nach einem Auszeitmoment mit viel Erholung und Genuss an. In der Therme Erding, etwa 35 Kilometer nordöstlich von München, kann man sich daraus einen kleinen Wochenendaufenthalt zaubern lassen.

In der größten Therme der Welt werden täglich zahlreiche Besuchende erwartet. Auf einer Gesamtfläche von über 185.000 Quadratmetern kann man sich nahezu überall seinen eigenen Auszeitmoment schaffen. In den Vitalbereichen mit Sauna, Dampfbad und Heilquelle geht es natürlich ruhiger zu als im Galaxy Rutschenparadies.

Im Jahr 2014 wurde das Hotel Victory Therme Erding mit direktem Thermenzugang eröffnet, das in seinem Design eine Mischung aus traditionellem Großsegler, moderner Hochseeyacht und Venedig ist. In fantasiereichen, überwiegend maritim gestalteten Kabinen untergebracht, hat man entweder einen direkten Blick auf das türkis glitzernde Wellenbad der Therme oder hinaus ins Grüne.

Für mich!

Im Thermalwasser baden und danach dinieren

Ein besonderer Auszeitmoment bietet sich gleich morgens an. Frühschwimmen ist für Hotelgäste nämlich exklusiv eine halbe Stunde vor der regulären Öffnungszeit möglich. Hier wird die Dimension der Therme noch mal verstärkt deutlich. Dann geht es auf zu einem sehr reichhaltigen Frühstücksbuffet im sogenannten Hafen Restaurant. Abends lädt das Restaurant Empire zu einer kulinarischen Kreuzfahrt auf höchstem Niveau mit kreativen Speisen ein. Zwischendurch bleibt ganz viel Zeit, um sich verwöhnen zu lassen.

Aus 2,3 Kilometern Tiefe sprudelt das staatlich anerkannte Thermalheilwasser in fast allen Becken, um Körper und Geist etwas Gutes zu tun. Eine Thermalquelle beinhaltet Grundwasser, das viel wärmer austritt (über 20 Grad) als das umgebende oberflächennahe Grundwasser. Es wird oft zu therapeutischen Zwecken eingesetzt. Sehr viel reicher an Mineralstoffen hat es zudem stressmindernde Eigenschaften.

Hotel Victory Therme Erding, Thermenallee 1 a,
85435 Erding, www.victory-hotel.de

KONMARI FÜR ZU HAUSE

Das Gefühl nach einem erfolgreichen Aufräumwochenende ist überwältigend. Fast entsteht der Eindruck, die Schultern fühlen sich leichter und der Atem wieder tiefer an.

Wie wäre es, einen eigenen Auszeitort direkt vor der Nase zu haben? Genauer gesagt, das eigene Zuhause zu einer Oase der Ruhe zu gestalten, in der man sich von einem anstrengenden Tag erholen kann.

Es fällt manchmal schwer, Ordnung aufrechtzuerhalten. Das beginnt schon beim eigenen Schreibtisch. Bekannt ist vielen auch der sogenannte „Klamottenstuhl" im Schlafzimmer für getragene, aber noch nicht wäschereife Kleidung. Oft kann man sich auch von ungenutzten Dingen nicht trennen. Das kann ein Buch sein, welches man zu lesen bereits eine Ewigkeit aufschiebt. Letztendlich erzeugt es aber mehr Stress als Freude.

Für mich!

Ordnung im Haus hilft beim Entspannen

Karina Anna Schmidt ist Wohnberaterin und bietet in unterschiedlichem Umfang die Möglichkeit, das Chaos im eigenen Heim zu bändigen. Ausgebildet ist sie von Marie Kondo selbst, der Aufräumkoryphäe aus Japan. Ordnung ist nach deren Ansatz viel mehr als das Aussortieren und Organisieren von Gegenständen. Es ist eine Auseinandersetzung mit sich selbst und eine Veränderung der Denkweise. Die persönliche Verbindung mit den Gegenständen steht absolut im Vordergrund bei dieser Technik.

Karina beschäftigt sich zudem auch mit der indischen Gesundheitslehre Ayurveda. Ein Teilbereich dieser Lehre ist Vastu Wohnberatung als zeitlose indische Wohn- und Architekturlehre. Mit dieser Technik kann man im eigenen Zuhause durch Raumtausch, Möbelrücken und korrekte Farbgestaltung ein harmonischeres Wohnerlebnis herstellen. Auch ganze Häuser können nach dieser Herangehensweise geplant werden.

Natürlich kann ein gewisses Maß an Chaos auch Kreativität entstehen lassen. Struktur und Gleichmäßigkeit sind für das menschliche Auge jedoch sehr wohltuend. Man ist nicht so sehr damit beschäftigt, die verschiedenen Reize zu filtern. Es kommt wahrscheinlich immer darauf an, welchem Zweck das eigene Zuhause dienen soll: Kreativität oder Entspannung.

Wohnberatung nach Marie Kondo, Karina Anna Schmidt, 81573 München, Tel. (01 51) 70 03 20 88, www.karinaannaschmidt.com

Bibliografische Information der Deutschen Nationalbibliothek
Die Deutsche Nationalbibliothek verzeichnet diese Publikation in der
Deutschen Nationalbibliografie; detaillierte bibliografische Daten sind
im Internet über http://dnb.d-nb.de abrufbar.

© 2023 Droste Verlag GmbH, Düsseldorf
Konzeption/Satz: Droste Verlag, Düsseldorf
Einbandgestaltung: Vernice Collet, Düsseldorf
Fotos: Verena Höfler, außer:
S. 15: Deutsches Museum; S. 25: St. Michael München; S. 27:
Münchner Stadtbibliothek; S. 30: iStock (invizbk); S. 35: Cornelia
Leisch; S. 41, 42: Katzentempel; S. 54: iStock (gorodenkoff);
S. 73: stock.adobe.com (Bernd); S. 75: Andrea Schwarz; S. 79: Eddie
Obika; S. 91: Schleitzer; S. 93: MySpa; S. 100: iStock (bazilfoto);
S. 107: Fabiola Schiavulli; S. 111: SalzAmbiente München; S. 115:
Yvonne Fabritz; S. 119: Bernhard Hartmann für Filmtheater Send-
linger Tor; S. 121: Premium Float_Spa; S. 129: Andy Klotz für SUP
Club Starnberger See; S. 133, 134: Caroline Deiß; S. 141: Sabine
Landenberger; S. 145: swm, Denise Krejci; S. 147: Büffelhof Beuer-
bach; S. 149: Hopfenland Hallertau Tourismus e. V., Anton Mirwald;
S. 151: Baumhaushotel; S. 153: Fürstenfelder; S. 155: Schlossgut
Oberambach; S. 156: iStock (yulka3ice); S. 159: sleeperoo; S. 161:
Camping Pilsensee; S. 163: Lemerhof; S. 165: Victory Hotel Therme
Erding; S. 167: Karina Anna Schmidt
Druck und Bindung: LUC GmbH, Greven

ISBN 978-3-7700-2321-9
www.droste-verlag.de